똑똑한 낱말 퍼즐 2-2

교과 어휘로 시작하는 문해력 첫걸음

추천사

낱말의 힘, 문해력의 시작

매일 아침 아이들과 한 줄 쓰기를 한 적이 있습니다. 아이들이 풀어내는 한 문장에는 그 아이의 어제와 오늘의 기분이 드러나기도 하고 때로는 기발한 생각이 담겨 있습니다. 이런 말을 모으면 굉장한 보물상자가 됩니다. 그러나 그 한 줄을 어떻게 시작해야 할지 몰라 망설이는 아이들도 있습니다. 막막하고 두려움을 느끼는 걸 종종 봅니다. '대박! 헐! 재미있었다' 등 쓰는 단어만 반복적으로 사용하기도 합니다.

어휘력이 부족하면 책에서 아무리 유익한 정보를 던져줘도 받아먹지를 못합니다. 뜻을 잘 알아야 문장을 이해할 수 있고, 문장을 이해해야 교과 내용을 알아들을 수 있습니다. 낱말을 정확히 알고 있는 아이는 표현이 달라지고, 목소리가 또렷해지고, 수업 시간에 생기가 돕니다. 저학년 때부터 낱말의 정확한 뜻을 알고 익혀야 하는 이유입니다. 우리 아이들은 AI가 글을 쓰고 정보를 찾아주는 시대에 살고 있습니다. AI가 그럴듯하게 글을 써줄 수는 있어도 판단할 줄 아는 능력은 내 언어로 생각하고, 말하고, 쓸 수 있는 힘, 바로 문해력입니다.

이 책은 2학년 2학기 국어 교과서에 나오는 핵심 낱말들을 중심으로 놀이하듯 익히도록 구성하였습니다. 낱말의 뜻을 유추하는 퍼즐 형식과 즐겁게 배울 수 있는 교과 연계 놀이를 더했습니다. 이 과정에서 아이들의 어휘력은 물론 사고력, 관찰력까지 함께 자라납니다. 어릴 때부터 글을 읽고, 쓰고, 생각을 나누는 습관은 아름다운 사회의 변화를 이끌어내는 중요한 요소라고 생각합니다. 우리 아이들이 말과 글 공부를 통해 자신만의 '정체성(identity)'을 찾아가는 과정을 즐기기를 응원합니다.

김연숙(우촌초등학교 교감)

일러두기

1 2학년 2학기 교과서 〈국어 ㉮〉, 〈국어 ㉯〉, 〈국어 활동〉에 나오는 핵심 낱말들을 중심으로 구성되어 있습니다. 방지법, 확신, 적절처럼 아이들에게 다소 어렵게 느껴지는 어휘도 포함되어 있지만 실제로 교과서 속에서 만나게 되는 낱말들입니다.

2 이 교재는 총 6단계로 구성되어 있으며, 각 단계마다 7세트의 낱말퍼즐과 4개의 학습 연계 놀이터가 들어 있습니다. 1학기와 2학기 전 과정을 마치고 나면 초등 2학년이 꼭 알아야 할 600여 개의 필수 낱말을 익힐 수 있습니다. 놀이터에는 넌센스 퀴즈 풀기, 낱말 찾기, 그림자 찾기, 미로 찾기 등을 담아 재미를 더했습니다.

3 뜻풀이는 국어사전을 기본으로 하였고, 실제로 어떻게 쓰이는지 알 수 있도록 예문을 함께 넣었습니다. 뜻풀이를 보고 답이 떠오르지 않을 때는 연결된 다른 칸의 퍼즐을 먼저 풀어보세요. 이어지는 낱말에서 힌트를 얻어 스스로 낱말을 유추해 내는 힘이 길러집니다.

4 낱말퍼즐을 하나씩 완성할 때마다 p.125 〈정말 잘했어요!〉에 칭찬 스티커를 붙여주세요. 아이의 성취감을 키워줍니다. 또한 p.126 QR코드를 통해 정답지와 놀이터를 포함한 무료 워크시트를 함께 활용하면 학습효과는 더욱 높아집니다.

1단계

- 낱말퍼즐 1
- 낱말퍼즐 2
- 낱말퍼즐 3
- 낱말퍼즐 4
- 낱말퍼즐 5
- 낱말퍼즐 6
- 낱말퍼즐 7
- 놀이터 1
- 놀이터 2
- 놀이터 3
- 놀이터 4
- 정답지

가로 뜻풀이

1 사물의 바깥쪽 둘레나 끝에 해당하는 부분. "길 ○○○○에는 코스모스가 많이 피어 있어."

2 솥 위를 덮는 둥글고 넓은 뚜껑. '자라보고 놀란 가슴 ○○○ 보고 놀란다'라는 속담도 있어요.

5 모퉁이의 안쪽. 널려 있는 장난감을 방 한 ○○에 몰아 놓았다.

6 어떤 일이나 사물을 깊이 있게 조사하고 생각하여 알아보는 일. 과학자는 우주에 대해 ○○해요.

7 모든 사람들이 지키기로 약속한 강제력을 가진 사회 규범. ○을 어기면 벌을 받아야 마땅해요.

세로 뜻풀이

1 밥을 짓거나 국을 끓이는 데 사용하는 무쇠로 만든 도구로 크고 가운데가 둥글고 깊게 들어가 있는 솥.

3 옷을 보관하는 장롱.

4 올챙이가 자란 것. '개굴개굴'하고 울어요.

6 사물이나 어떤 일이 서로 이어져 있거나 관계를 맺는 것.

공부한 날 _____월 _____일 _____요일

정답은 24쪽에 있어요!

가로 뜻풀이

1 옛날에 쓰던 돈. 쇠나 구리로 만들었고, 가운데 네모난 구멍이 있었어요. ○○ 한 냥, ○○ 꾸러미

3 학교에서 가장 높은 자리에 계신 선생님.

5 저녁부터 아침까지 계속. "○○ 숙제를 하느라 잠을 못 잤어."

6 도와 주거나 돌보려는 따뜻한 마음이 담긴 손의 움직임. 어려운 이웃을 위해 사랑의 ○○을 베풀어 주세요.

7 몇 날. 또는 정확하지 않은 그달의 몇 번째 날. "오늘이 10월 ○○이지?"

세로 뜻풀이

2 물건이나 작품을 전시해 놓고 볼 수 있게 만든 곳.

3 학교에 오갈 때 지나가는 학교의 문.

4 생긴 모습. 민수와 진수는 형제지만 ○○○가 완전히 달랐다.

6 다른 사람의 집을 방문한 사람을 높여 부르는 말. 우리 집에 ○○이 와서 따뜻한 차를 드렸어요.

공부한 날 _____월 _____일 _____요일

가로 뜻풀이

1 많은 사람들에게 중요한 소식이나 내용을 널리 알리고자 하는 사항. 학사 일정은 학교 누리집 ○○○○에 있어요.

3 싸움을 멈추고 안 좋은 감정을 풀어 없애는 것. "너희들 ○○할 때까지 마주 보고 서 있어!"

5 동글동글한 액체. 또는 흔들리면 소리가 나는 물건. '고양이 목에 ○○ 달기'라는 속담도 있어요.

7 서로 마주한 사람. "달리기 시합에서 너는 나의 ○○가 되지 못해."

세로 뜻풀이

1 산업이나 교통의 발달로 더러워진 환경 때문에 입게 되는 여러 가지 피해. 자동차에서 나오는 매연은 환경 ○○을 일으켜요.

2 어떤 일이나 행위를 하지 못하도록 하는 것. 관계자 외 출입○○

3 그림을 전문적으로 그리는 사람.

4 옛날 집에서 손님을 맞이하려고 쓰는 방.

6 금방이라도 울려고 하는 표정. 먹던 과자를 뺏자 동생이 ○○이 되었다.

공부한 날 _____월 _____일 _____요일

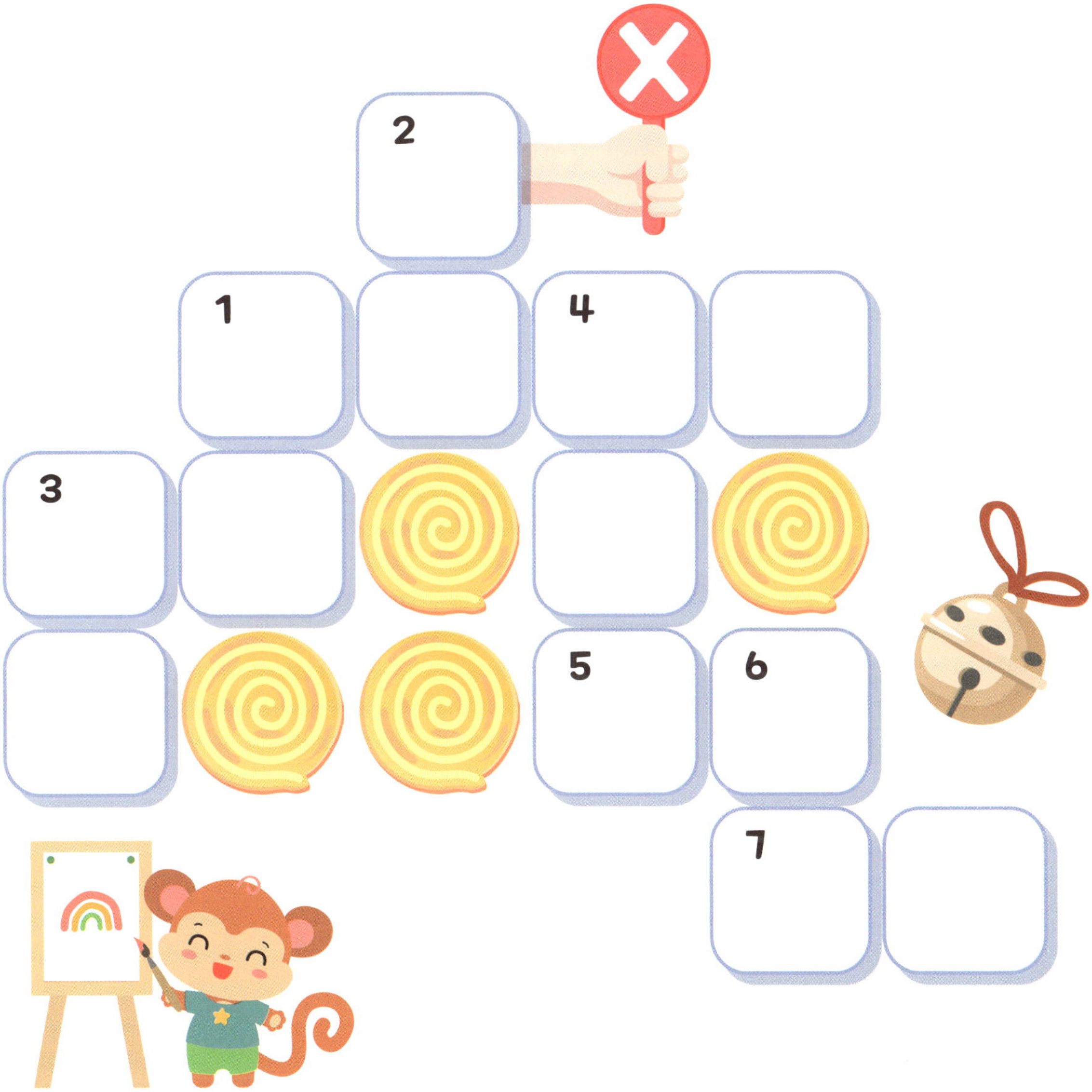

가로 뜻풀이

1 주변에 흐트러진 것이나 어수선한 것을 한데 모으거나 가지런히 정돈함. 사용한 물건은 꼭 제자리에 ○○○○해 두어요.

2 어떤 일의 목표가 되는 것이나 그 상대. 이 대회는 초등학생을 ○○으로 열립니다.

3 강가나 습지 같은 물이 있는 곳에 사는 높이 3m 정도의 여러해살이풀. 마음이 쉽게 바뀌는 사람을 비유하기도 해요.

5 속이 비어 있고 마디가 있는 곧게 자라는 식물. 일 년 내내 푸르고 지조와 절개를 상징해요.

세로 뜻풀이

1 맨 위 꼭대기. 백두산 ○○에는 천지가 있어요.

2 곧장, 망설이지 않고 바로. 친구가 ○○ 소리를 질러 놀랐어요.

3 물건을 잘 정리하거나 보관하는 것. 청소가 끝나면 청소 도구를 잘 ○○○ 합시다. 🄫 마무리

4 완전히 반대되는 것. 우리 엄마 아빠의 성격은 완전 ○○○예요.

6 '벼'를 의미하는 말.

공부한 날 _____월 _____일 _____요일

정답은 24쪽에 있어요!

가로 뜻풀이

1 책을 세워서 꽂아 두는 물건이나 장치.

2 어떻게 써야 하는지 알려주는 방법. 게임기의 ○○○○은 설명서에 적혀 있어요.

3 강에 흐르는 물.

6 소리가 밖으로 새거나 밖의 소리가 들리지 않도록 막음. 우리 집 창문은 ○○이 잘 돼서 조용해요.

세로 뜻풀이

2 모든 일이나 물건. 미술 시간에 여러 가지 ○○을 그렸다.

4 글이나 말에 들어 있는 것. "이 책은 몇 번을 읽어 봐도 무슨 ○○인지 모르겠어."

5 방 안의 밑을 이루는 평평한 부분. 따뜻한 ○○○에 누워서 책을 읽었어요.

6 어떤 일이 일어나지 않게 미리 막으려고 마련한 법.

7 불쾌하고 시끄러운 소리. 밤에 위층에서 나는 층간 ○○에 잠을 못 잤어요.

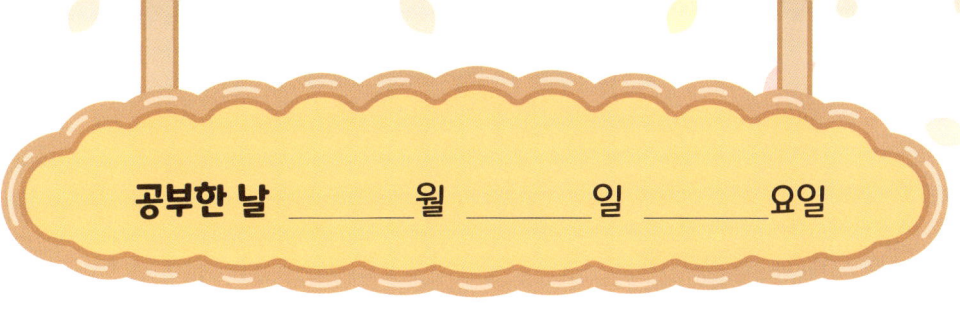

공부한 날 _____월 _____일 _____요일

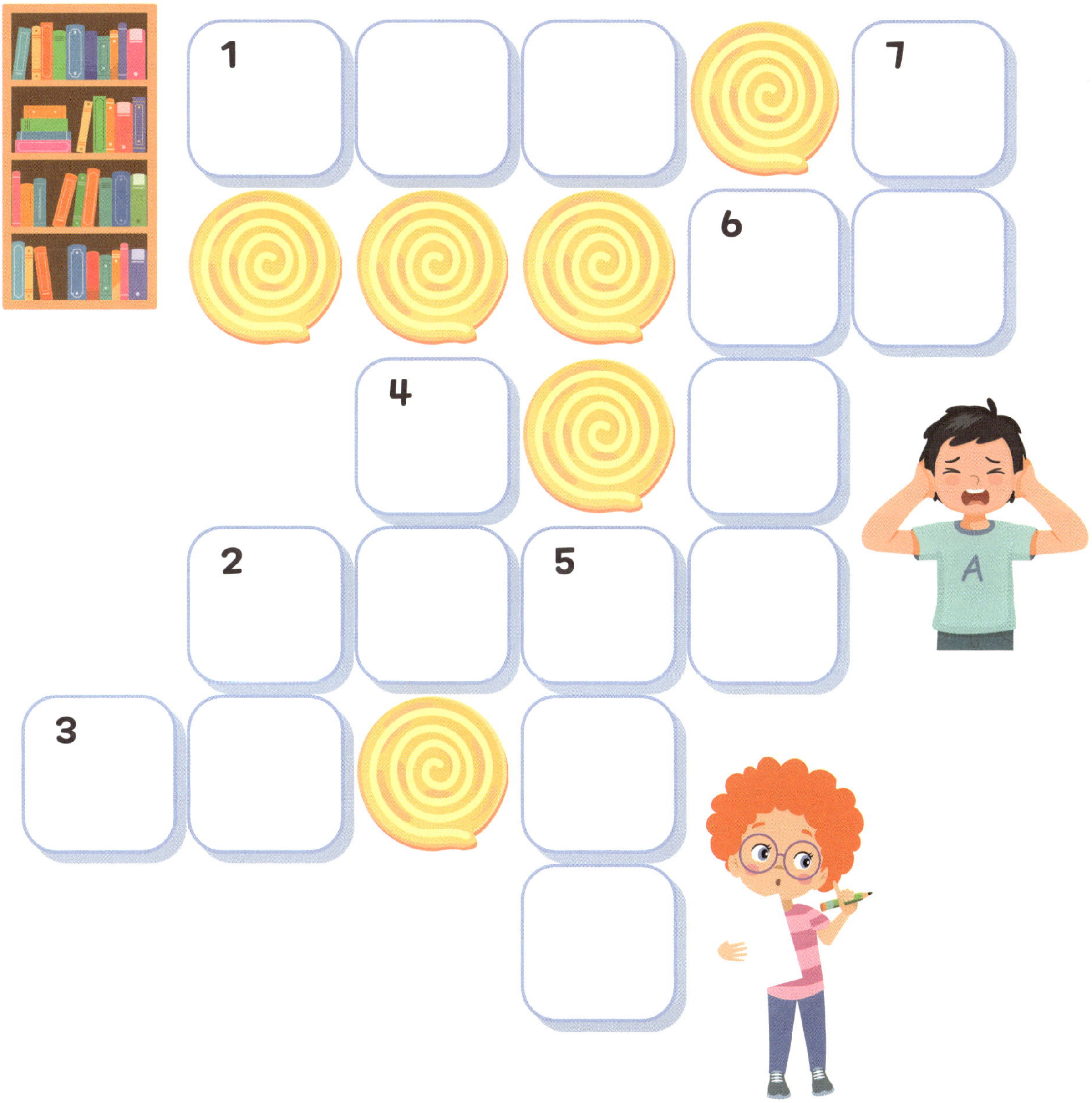

정답은 24쪽에 있어요!

가로 뜻풀이

1 소금을 사서 파는 일을 업으로 생활하는 사람.
2 사람들이 산책이나 운동, 놀이를 할 수 있도록 만든 공간. 우리 동네에는 ○○이 많아요.
3 신체를 튼튼하게 만들려고 하는 운동. 오늘 ○○시간에는 농구를 했어요.
5 나이 든 부부 사이에서 아내가 그 남편을 부르는 말.
6 모양이나 크기가 엄청나게 크고 거대하다는 뜻.
7 확실히 그렇다고 받아들이는 것. 내 실수를 ○○하고 친구에게 사과했어요.

세로 뜻풀이

1 마음속으로 이루어지기를 바라고 원하는 것. 우리의 ○○은 통일~ 꿈에도 ○○은 통일~
2 같은 목적을 가지고 서로 돕고 일하며 살아가는 무리. 학교에 다니는 우리는 학교 ○○○에 속해 있죠.
4 수영을 할 수 있도록 만들어진 곳.

공부한 날 _____월 _____일 _____요일

가로 뜻풀이

1 손가락이나 막대기 같은 것으로 어떤 방향이나 대상을 지목하는 것.

2 걱정했던 일이 운 좋게 잘 풀려 마음이 놓이는 것. "큰 교통사고가 났는데도 많이 안 다쳐서 ○○이야."

3 소중하고 보배롭고 특별한 것. 우리 가족은 나에게 가장 ○○ 존재예요.

5 멀리 있는 사람의 일이나 이야기를 알려 주는 것. 전학 간 친구의 ○○이 궁금해요.

6 물을 담아 두는 데 쓰이는 통.

세로 뜻풀이

1 모르는 것을 알게 해 주는 것.

3 귀에 다는 장식품. 비 귀걸이

4 잎이나 줄기에 많은 물을 가지고 있는 식물. 건조한 지방에서 잘 자라는 선인장도 ○○○○에 속해요.

7 왜 그런 일이 일어났는지에 대한 이유를 대는 것. 비 핑계

공부한 날 _____월 _____일 _____요일

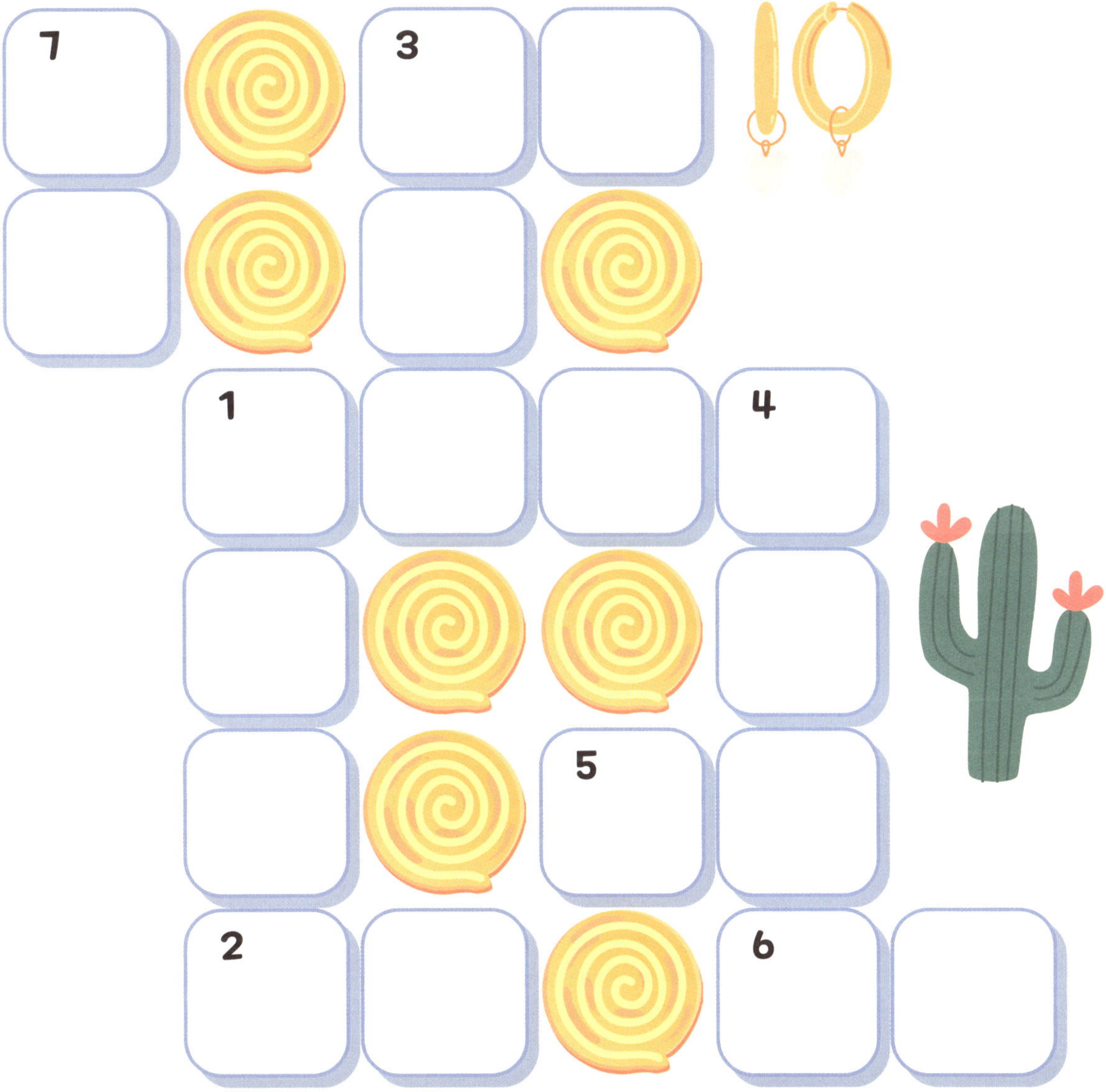

정답은 24쪽에 있어요!

놀이터

그림에 사용된 색과 같은 색을 연결해 보세요.

정답은 24쪽에 있어요!

감정표현에 관한 낱말을 보고 알맞은 뜻을 찾아 연결해 보세요.

- 뿌듯하다 • — • 원통하고 슬프다.

- 서럽다 • — • 답답하거나 갑갑하여 언짢던 것이 풀려 마음이 시원하다.

- 후련하다 • — • 기쁨이나 감격이 마음에 가득 차서 벅차다.

- 정겹다 • — • 정이 넘칠 정도로 매우 다정하다.

정답은 126쪽에 있어요!

넌센스 퀴즈를 풀어 보세요.

1 말은 말인데 타지 못하는 말은? _____

2 중학생과 고등학생이 타고 다니는 차는? _____

3 왕이 집에 가기 싫을 때 하는 말은? _____

4 세상에서 가장 착한 사자는? _____

5 세상에서 제일 뜨거운 과일은? _____

6 자동차를 톡 하고 치는 것? _____

7 얼음이 죽으면? _____

8 차도가 없는 나라는? _____

정답 : 1-거짓말, 2-중고차, 3-궁시렁, 4-자원봉사자, 5-천도복숭아, 6-카톡, 7-다이아, 8-인도

엄마 공룡이 아기 공룡을 찾아갈 수 있도록 바르게 쓴 낱말을 따라가며 미로를 빠져나가 보세요.

출발 - 골똘히 / 골똘이 - 쑥쓰럽게 / 쑥스럽게 - 동여메다 / 동여매다 - 삐죽이며 / 삐쭉이며 - 도착

정답은 126쪽에 있어요!

정답

P.7

P.9

P.11

P.13

P.15

P.17

P.19

P.20

2단계

- 낱말퍼즐 1
- 낱말퍼즐 2
- 낱말퍼즐 3
- 낱말퍼즐 4
- 낱말퍼즐 5
- 낱말퍼즐 6
- 낱말퍼즐 7
- 놀이터 1
- 놀이터 2
- 놀이터 3
- 놀이터 4
- 정답지

가로 뜻풀이

1 어떤 일을 이루거나 얻기를 바라는 마음. 다음에는 더 잘할 수 있다는 ○○이 생겼다.

2 바닥이 패어 물이 팽이처럼 돌아 흐르는 현상. 욕조에 가득 찬 물이 ○○○○치며 하수구로 빠져나갔다.

3 사람이 오고 가거나 물건을 옮기는 것. 우리는 운동장에서 교실로 ○○했어요.

6 표준어가 아닌 말. 제주도 ○○으로 '안녕하세요'는 '혼저옵서예'예요. 비 사투리

세로 뜻풀이

2 떼를 지어 떠들고 정신없이 움직이는 상황. 숲 한가운데 넓은 찻길이 생겨 평화롭던 동물 마을에 큰 ○○이 벌어졌어요.

3 벼, 보리 등의 곡식에서 꽃이 피고 열매가 열리는 부분. 고개 숙인 벼 ○○으로 누레진 들판.

4 목적이나 기능에 맞게 쓰는 것. 나는 색연필을 ○○해서 그림을 그렸어요.

5 돌로 만든 할아버지라는 뜻을 가진 제주도의 수호신.

7 공을 가지고 노는 여러 가지 재미있는 놀이.

공부한 날 _____월 _____일 _____요일

정답은 44쪽에 있어요!

가로 뜻풀이

1 올이 매우 가늘고 부드러운 실. ○○○ 이불은 정말 부드러워서 기분이 좋아요.

4 거짓이 없는 참된 마음.

5 흔들리며 움직이는 것. 영화관에서 휴대전화는 ○○모드로 설정해 주세요.

7 공들여 만든 작품을 어떤 공간에서 남들에게 보여주는 행사.

8 자기 것으로 가지는 것. "땅따먹기 하면서 혼자 땅을 다 ○○ 했어."

세로 뜻풀이

2 바로 지금. '금시에'의 줄임말. 방송에 출연한 언니는 ○○ 학교에서 유명한 사람이 되었어요!

3 사진을 넣어서 정리, 보관하는 책. 🗟 앨범

6 구리로 만든 동그랗고 딱딱한 돈. 종이로 만든 돈은 지폐라고 해요.

9 사물의 맞고 틀리고를 잘 판단해서 현명하게 행동하는 능력. 🗟 슬기

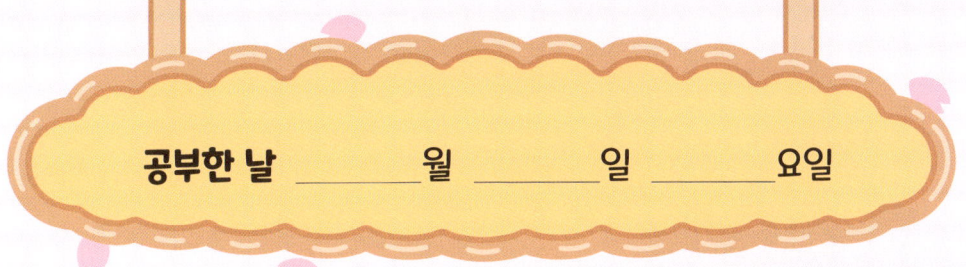

공부한 날 _____월 _____일 _____요일

정답은 44쪽에 있어요!

가로 뜻풀이

1 인원이나 시설, 물건의 배치를 표시한 그림이나 도표.

2 보물을 넣어 두는 상자.

3 사람들이 볼 수 있도록 붙이거나 알린 글. 다른 사람을 비방하는 ○○○은 삭제됩니다.

5 땅속에서 자라는 둥글고 노란색을 띤 채소. 햄버거를 세트로 시키면 ○○튀김이 같이 나와요.

7 눈에 보이지 않지만, 죽은 사람의 혼령을 뜻함.
꼬마 ○○ 캐스퍼

세로 뜻풀이

1 동물이나 사람의 몸 밖으로 나오는 물질. 똥, 오줌, 땀을 이르는 말.

2 종이나 나무로 만든 판을 이용해서 주변에 둘러앉아 즐기는 다양한 게임. 루미큐브, 할리갈리 등이 있어요.

4 여러 가지 색을 팔레트에 풀어 붓으로 그림을 색칠할 때 쓰는 것.

6 하고 싶은 것을 마음대로 할 수 있는 상태. 방학에는 ○○시간이 많아서 좋아요.

공부한 날 _____월 _____일 _____요일

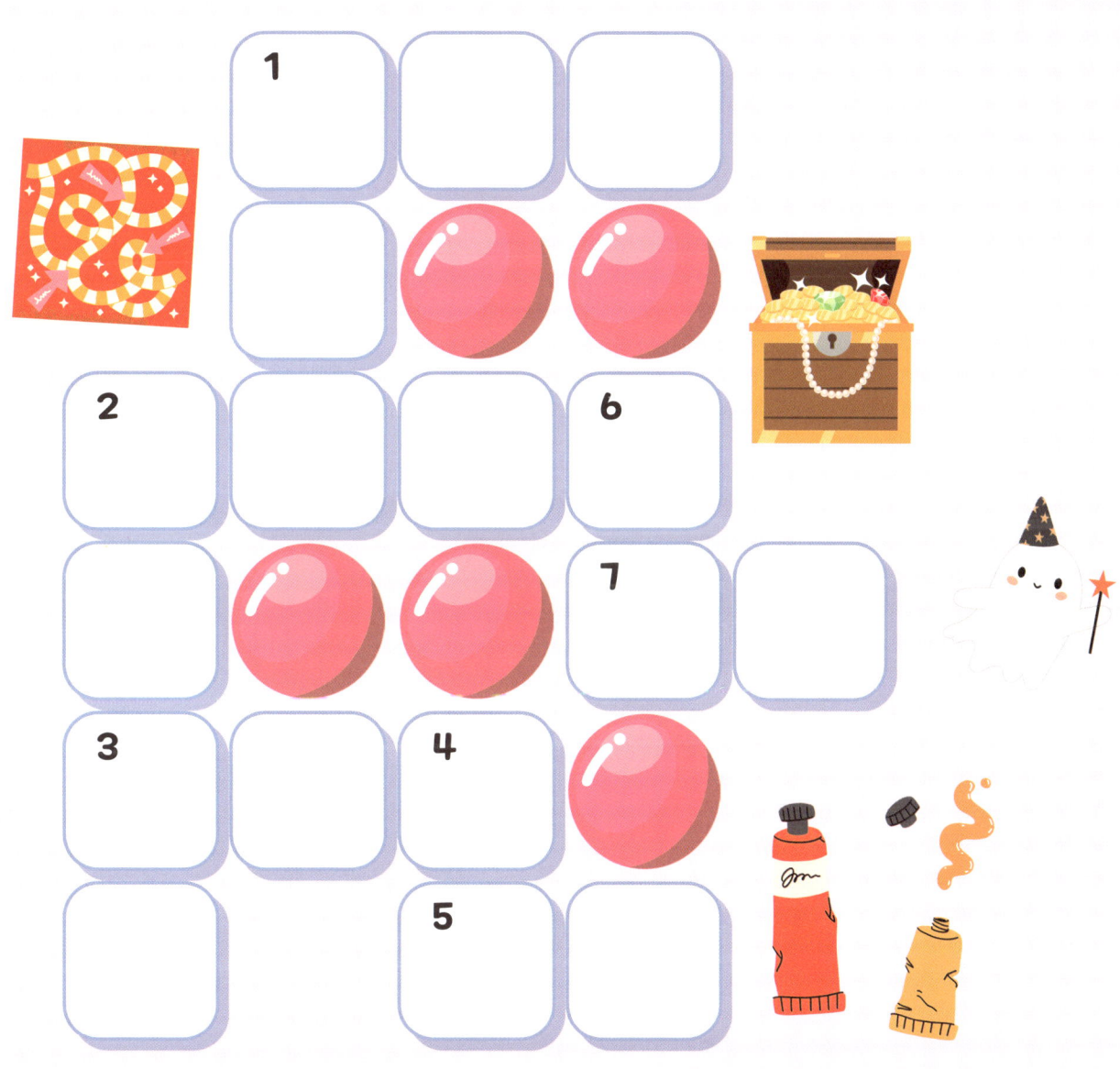

정답은 44쪽에 있어요!

가로 뜻풀이

1 다 자란 사람. 자기 행동에 책임을 지고 혼자 살아갈 수 있는 나이가 된 사람. ⑲ 어린이

2 어린이들이 좋아하는 차갑게 얼린 달콤한 간식. 여름에 먹으면 시원해요.

3 두 쪽. 친구가 웃을 때 ○○ 뺨에 보조개가 생겨요.

5 차나 기차가 다닐 수 있게 산이나 바다의 밑을 뚫어서 만든 통로. 기차가 어두운 ○○를 지나자, 바다가 보였어요.

세로 뜻풀이

1 어린아이. 대개 4, 5세부터 초등학생까지의 아이. ⑲ 어른

2 어떤 것보다 낮은 부분이나 방향. ⑲ 위쪽

3 맨발에 신도록 실로 짠 것. ○○에 구멍이 나서 발가락이 보였어요.

4 털실로 짜서 만든 따뜻한 상의.

6 옷을 차려입은 모양새. 환절기에는 일교차가 커서 특히 ○○○에 신경을 써야 해요.

공부한 날 _____월 _____일 _____요일

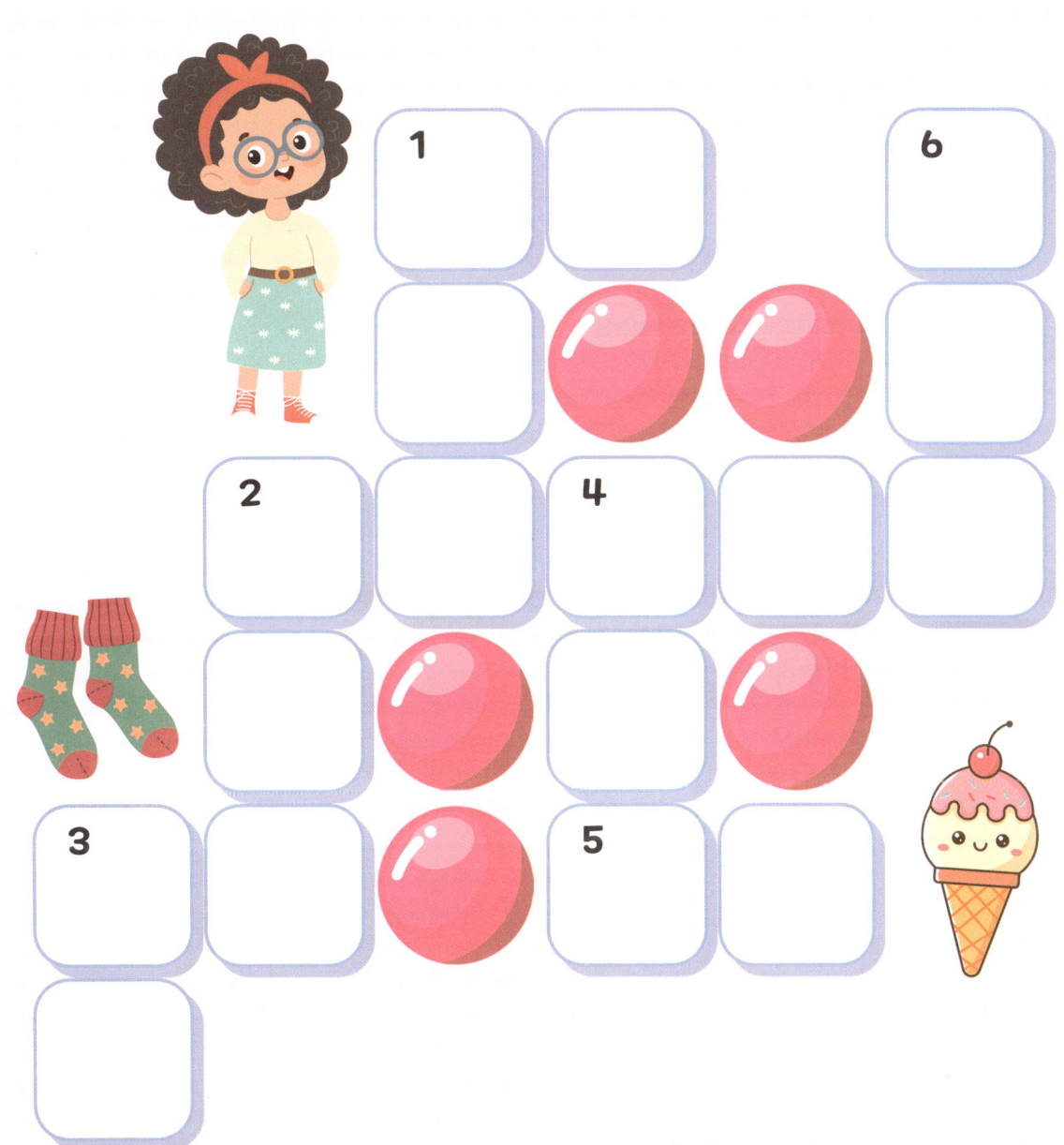

정답은 44쪽에 있어요!

가로 뜻풀이

1 많은 사람들이 모여서 즐겁고 신나게 놀 수 있는 곳.
2 생각을 하고 말하며, 도구를 만들어 쓰고 사회를 이루어 사는 동물. 인간이라고도 하죠.
3 움직이지 않거나 아무 말이 없이. 선생님 말씀을 ○○○ 듣고 있었다.
5 사람이 살지 않고 비어 있는 집.

세로 뜻풀이

1 놀라는 것. '놀라움'의 준말.
2 조선 시대 때 마을을 다스리던 높은 관리. 비 원님
3 멀지 않은 거리. 불에 ○○○가면 화상을 입어요. 반 멀리
4 옛날에 정해진 날 시장이 열리는 곳. 노인은 소가 된 게으름뱅이를 끌고 ○○로 가서 농부에게 팔았어요.
5 비어 있는 칸. 보기에서 알맞은 말을 ○○에 써넣으세요.

공부한 날 ____월 ____일 ____요일

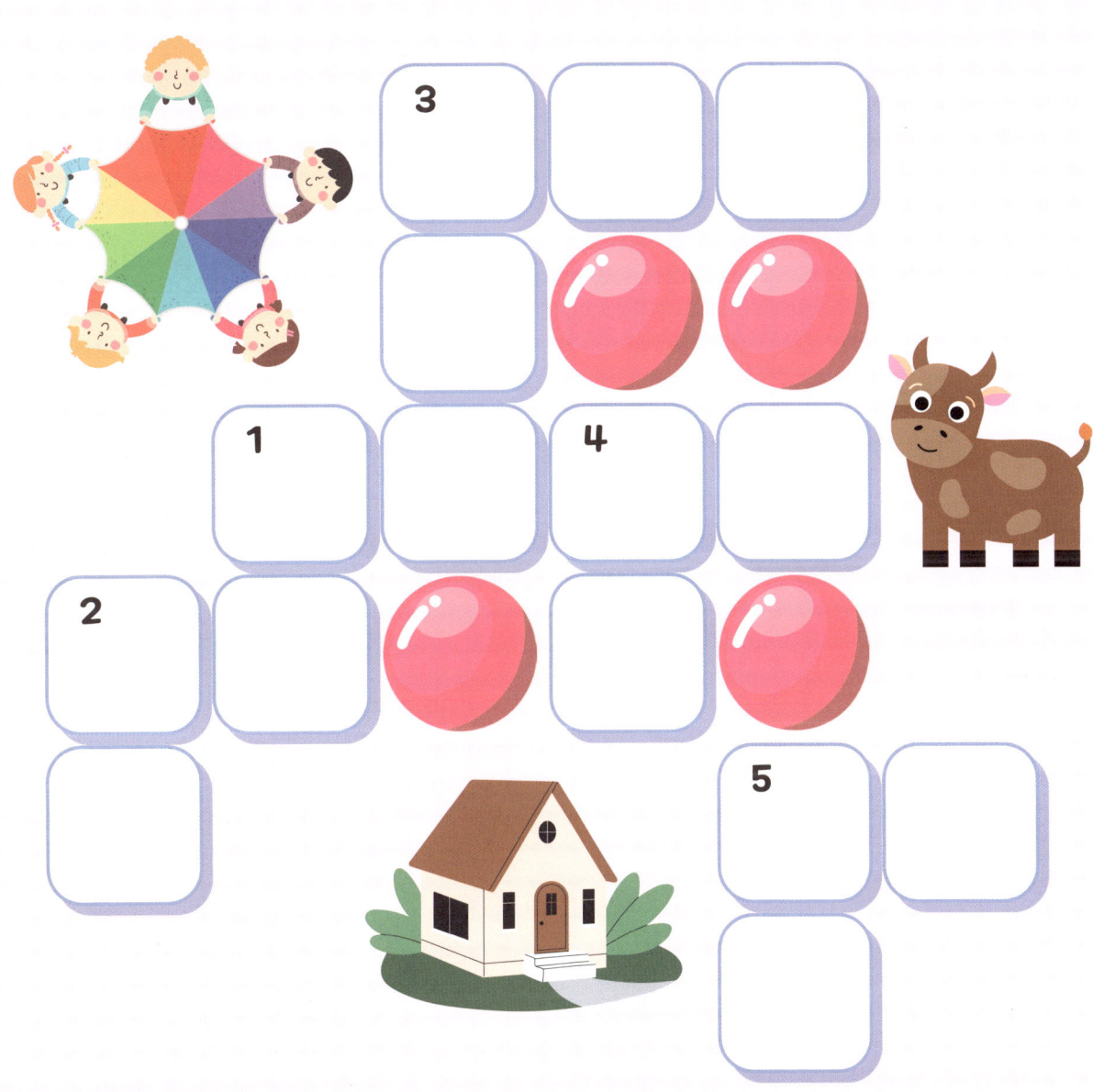

정답은 44쪽에 있어요!

가로 뜻풀이

1 도로를 따라서 줄지어 심은 나무.

2 신발을 넣어서 가지고 다닐 수 있는 주머니.

6 형상이나 이미지를 종이 위에 선이나 색으로 표현한 것. 레오나르도 다 빈치의 대표작 중 하나로 '모나리자'라는 ○○이 있어요.

7 덥거나 운동을 하면 몸에서 나오는 투명한 액체. "뛰었더니 온 몸이 ○에 흠뻑 젖었어."

세로 뜻풀이

1 고기나 우유, 알 등을 얻기 위해 집에서 기르는 동물. 소, 말, 돼지, 닭을 이렇게 불러요.

2 놀랍고 신비롭고 이상한 것. 방울토마토에게 내 비밀을 털어놓으니 ○○하게 기분이 좋아졌어요.

3 사람의 지능이나 생각을 일깨워 줌. 자기 ○○

4 어떤 것의 가까운 둘레나 그 근처. 우리 학교 ○○에는 민들레꽃이 많아요.

5 남이 모르게 살며시. 동생이 자고 있어서 ○○○○ 빠져나왔다.

공부한 날 _____월 _____일 _____요일

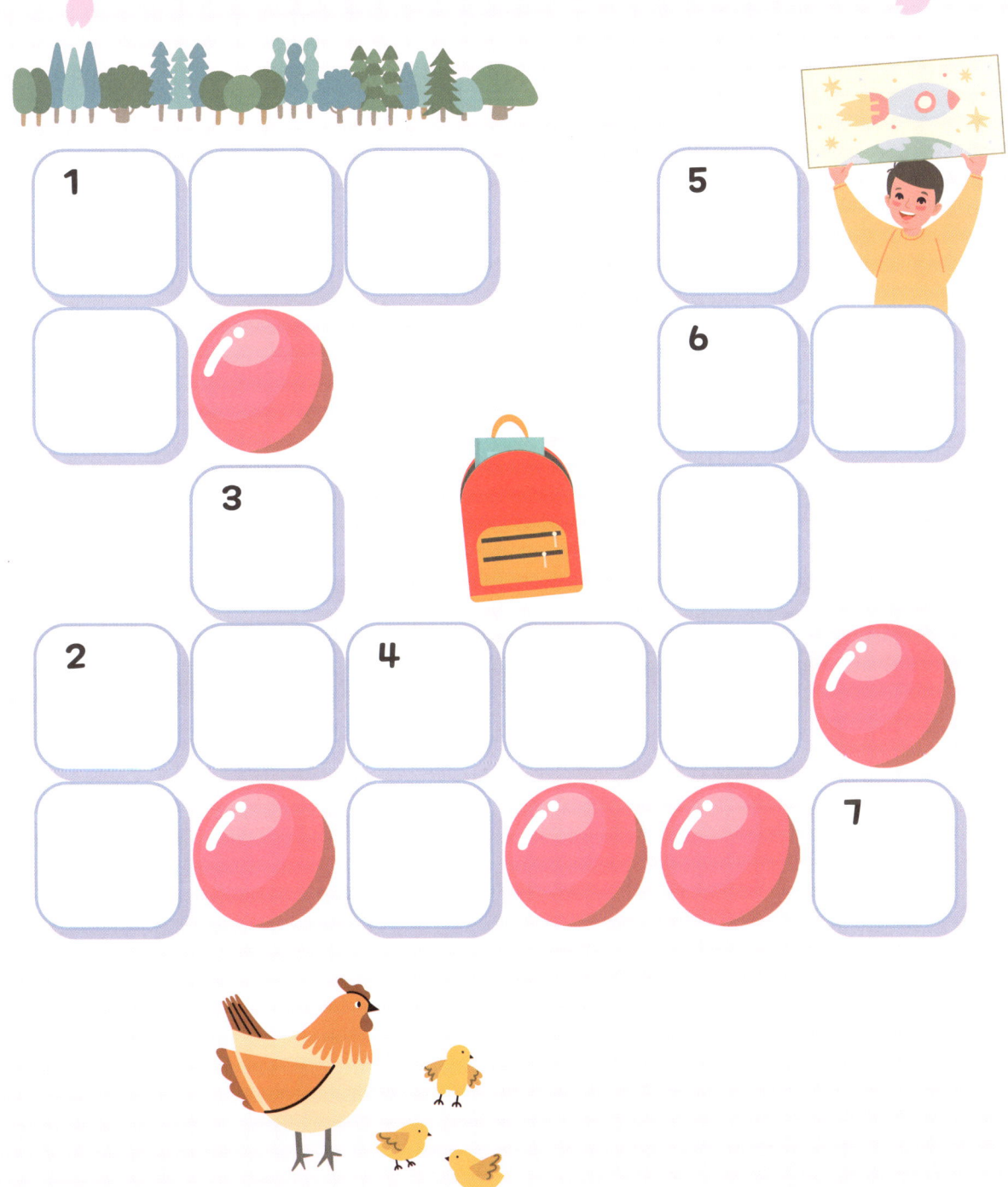

정답은 44쪽에 있어요!

가로 뜻풀이

1 닫혀 있던 것이 시원스럽게 열리는 모양. 꽃이 ○○ 피었어요.

2 아무 계획도 없고, 미리 정한 것도 없음. 길을 몰라서 ○○○ 따라갔다. 비 다짜고짜

4 굳게 믿는 마음. 이번 시합은 반드시 이기리라는 ○○이 들었어요.

5 건물 등을 새로 만드는 것. 아파트 ○○ 현장에서 크레인이 움직이고 있다.

7 하루도 빠지지 않고 매일.

세로 뜻풀이

1 낱말의 모습이 하나로 고정되어 있지 않고 문장 안에서 다양한 모습으로 바꿔 쓰는 것.

2 아무 조건 없음. 아프면 참지 말고 ○○○ 병원에 가야 해요.

3 틀림없이 딱 맞고 확실함. 반 부정확

6 우리나라 명절 가운데 하나. 떡국을 먹으며 세배를 드리죠. 까치까치 ○○은~ 어저께고요~

공부한 날 ____월 ____일 ____요일

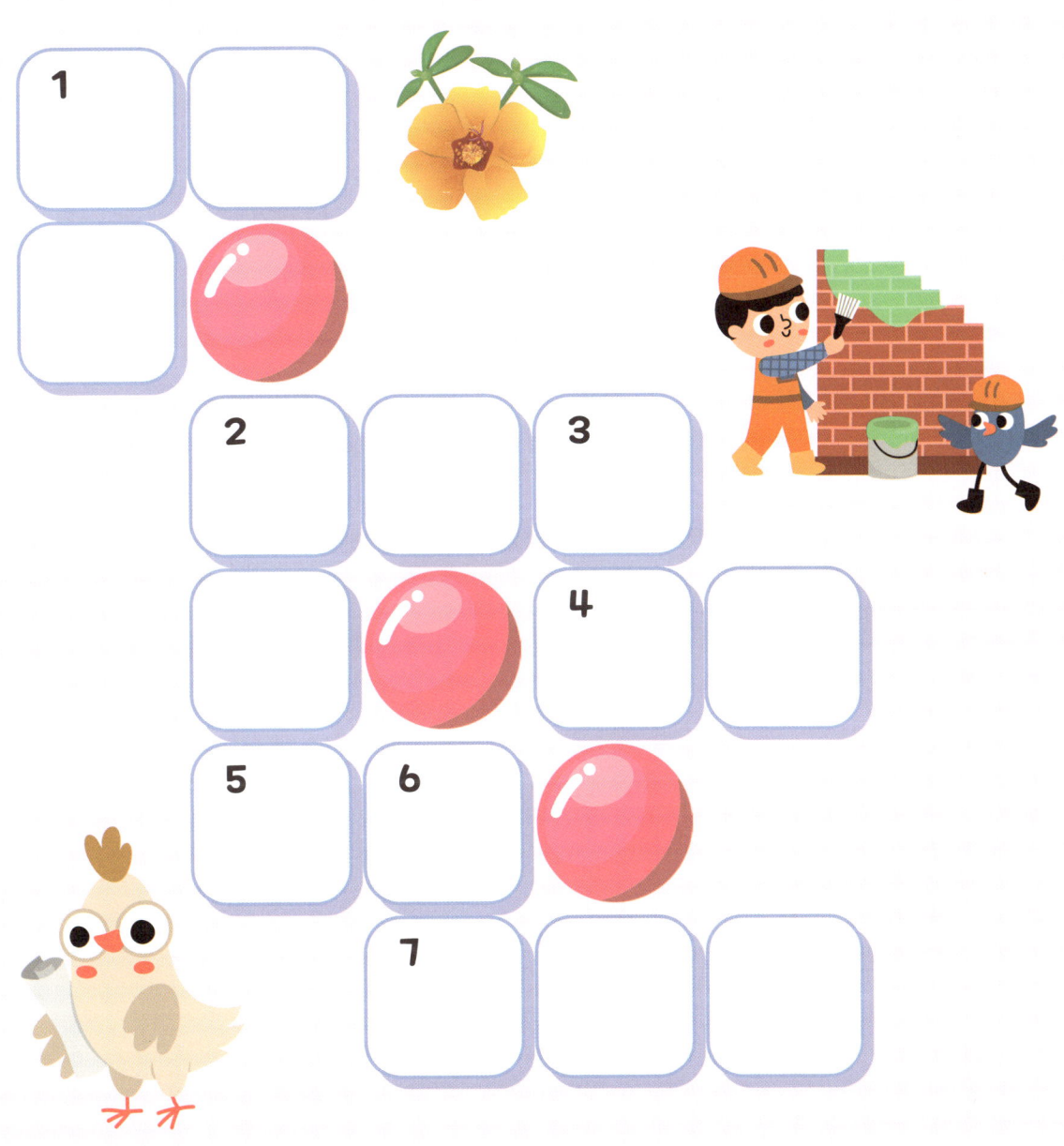

정답은 44쪽에 있어요!

놀이터

운동을 할 때 필요한 장비를 찾아 연결해 보세요.

정답은 44쪽에 있어요!

모양을 나타내는 말을 이용해 문장을 완성해 보세요.

보기   송골송골   도란도란   흐물흐물

우리도 (　　　　　) 녹을 것 같아요.

콧잔등에 땀이 (　　　　　)

(　　　　　) 이야기하며 손잡고 가는 길

소리를 나타내는 말을 이용해 문장을 완성해 보세요.

보기   호로록호로록   개굴개굴   쿵쿵

지금이 몇 시인데 (　　　　　) 뛰는 거야?

개구리의 (　　　　　) 소리가 봄을 알리고,

(　　　　　), 두 입 먹으면 입가에

정답은 126쪽에 있어요!

짓다 / 짖다

'짓다'는 무언가를 새롭게 만들거나 세우는 것.
'짖다'는 크게 소리를 내는 것. 보통 동물들한테 많이 쓰여요.

바른 쓰임새를 알아보며 따라 써 보세요.

 짓다

엄마가 저녁밥을 짓고 계셨다.

 짖다

낯선 사람을 보고 강아지가 크게 짖었다.

그림에 있는 글을 읽고 <보기>에서 적당한 문장을 찾아 써 보세요.

① "어머, 옷에 다 묻었어. 쟤 어떡해~"
② "윽, 냄새..."
③ "괜찮아? 내가 도와줄게."
④ "쟤 넘어졌어. 대박~"

가장 기다렸던 학교 급식 시간. 줄 서서 맛있는 음식을 받아 자리로 돌아가는데, 그만 급식판을 바닥에 엎어버린 상황이에요. 이럴 때 친구들은 뭐라고 하면 좋을까요?

정답 : ③ "괜찮아? 내가 도와줄게."

정답

P.27

P.29

P.31

P.33

P.35

P.37

P.39

P.40

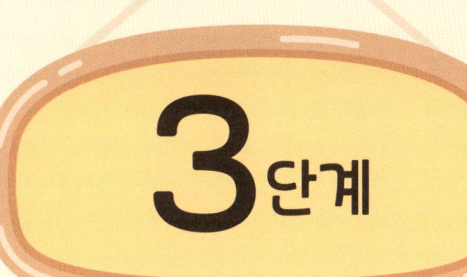

가로 뜻풀이

1 물고기를 기를 때 쓰는 유리 항아리. "○○에 금붕어와 열대어를 키울 거야."

2 원래 움직이지 않는 만화를 살아 있는 것처럼 생동감 있게 만든 영화.

3 '아버지'를 친근하게 부르는 말.

4 동물의 왕이라고 불리는 포유동물. 기운이 세며 수컷은 멋진 갈기가 있어요.

6 해가 떠 있는 동안. 아침과 저녁 사이.

세로 뜻풀이

1 너무 어이없는 일을 당해서 기가 막힐 때. '○○○○ 없다'라고 해요. ㈂ 어이없다

3 솥 또는 가마에 불을 때기 위해 만든 큰 구멍. 장작이나 짚을 넣어 불을 피워요.

5 햇빛을 가리거나 추위를 막으려고 머리에 쓰는 물건.

공부한 날 _____월 _____일 _____요일

정답은 64쪽에 있어요!

가로 뜻풀이

1 결혼식을 하는 장소.

2 어떤 일이 되어가는 차례나 모습. 모든 일은 결과만큼 그 ○○도 중요하답니다.

3 희망을 잃음. 또는 바라는 대로 되지 않아 속상하고 안타까워 하는 것. 단짝 친구와 짝꿍이 되지 못해 ○○했다.

5 병이나 상처를 낫게 하는 것.

6 누군가의 요청이나 제안을 하지 않겠다고 함. ㉯ 거절

세로 뜻풀이

1 행동이나 태도를 분명하게 정함. 화가 난 공주는 용을 뒤쫓아 가서 왕자를 구해 오기로 ○○했어요.

2 과학에 관한 수업이나 실험을 하는 교실.

4 어떤 일을 잘하거나 안전하게 하려고 기계나 도구를 만들어 붙여 놓은 것. 도난 방지 ○○

7 어떤 일이나 의무, 책임을 떠맡음. "내가 우리 반을 대표해야 한다는 것이 ○○스러워."

공부한 날 _____월 _____일 _____요일

정답은 64쪽에 있어요!

가로 뜻풀이

1 난로를 중심으로 한 근처나 주변.

2 주로 밤에 활동하는 야생동물. 여우보다 작고 주둥이가 뾰족하며 꼬리가 뭉툭해요. ○○○ 라면도 있어요.

3 우리들의 행동이나 지침이 될 만한 가르침. 실패를 ○○으로 삼아라!

4 햇빛을 좋아해서 아침에 피었다가 해가 지면 오므라드는 작고 알록달록한 꽃.

6 서로 나뉘어 떨어지는 것. 재활용품은 일반 쓰레기와 ○○해서 버려야 해요.

세로 뜻풀이

1 사고나 다툼으로 질서 없이 어지럽고 시끄러운 상태. 축구공을 가지고 놀다가 창문을 깨뜨려서 ○○가 났어요.

2 바다의 크고 사납게 움직이는 물결.

3 학교를 대표하는 노래.

5 꽃을 심어 가꾸는 그릇.

공부한 날 _____월 _____일 _____요일

정답은 64쪽에 있어요!

가로 뜻풀이

1 편안하게 잘 지내는지 아닌지에 대해 묻거나 전하는 일.
3 분수에서 물이 뿜어져 나오도록 만들어 놓은 시설.
5 낱낱이 검사함. 단체여행을 할 때는 인원 ○○을 철저히 해야 해요.
6 가족처럼 같이 사는 개.
7 서로 사랑하는 관계에 있는 두 사람. 비 애인

세로 뜻풀이

2 전체를 몇 개로 나눈 것의 하나. 이 글은 세 ○○으로 나뉘어요.
4 고장 나거나 오래된 물건을 고치는 가게.
6 남의 행동이나 견해, 제안에 따르지 않고 맞서는 것. 반 찬성
7 소식이나 사실을 상대에게 알림. 할머니가 아프시다는 ○○이 와서 걱정되었어요.

공부한 날 _____월 _____일 _____요일

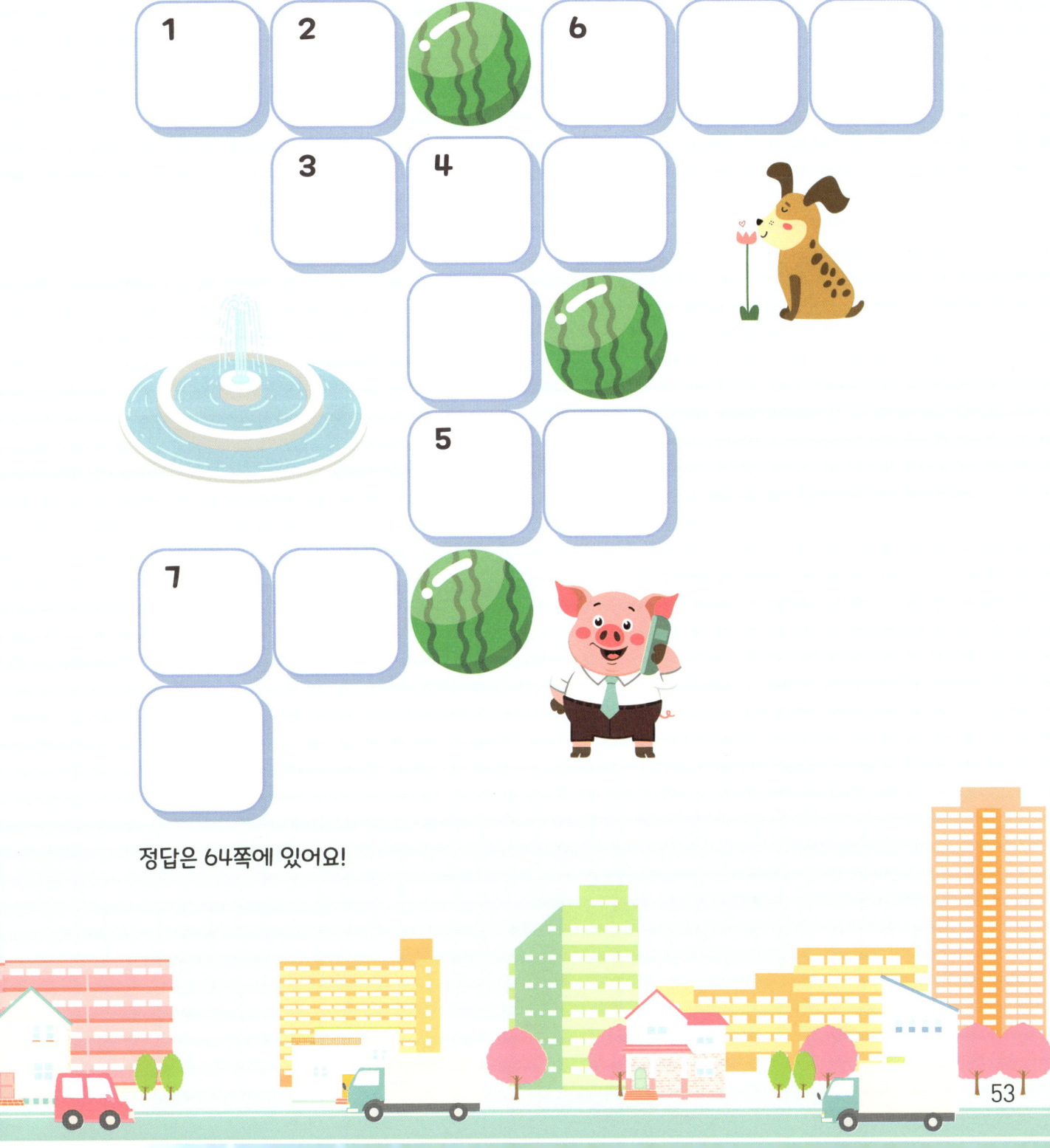

정답은 64쪽에 있어요!

가로 뜻풀이

1 의좋게 지내거나 정답게 이야기하는 모양. 오랜만에 친척들이 모여 ○○○○ 이야기를 나누었어요.

4 우편으로 전달되는 편지나 물품을 모두 이르는 말.

5 말의 빠르기, 높낮이, 세기 등의 것. 말버릇. "그렇게 사람을 무시하는 ○○로 얘기하지 마."

6 어떤 장소에서 어떤 일이 벌어져 있는 모습. 바다의 해가 지는 ○○이 눈부셨다.

세로 뜻풀이

1 사람이 겨우 살 수 있게 나무나 짚으로 만든 작고 초라한 집.

2 보라색 또는 연두색의 동그란 작은 알맹이가 주렁주렁 매달려 달고 새콤한 맛을 내는 여름 과일.

3 우리나라 사람이 써 온 고유어를 이르는 말. ⓑ 토박이말

6 많은 사람이 모일 수 있게 만들어 놓은 넓은 빈터. 광화문 ○○ 중앙에는 이순신 장군 동상이 있어요.

공부한 날 _____월 _____일 _____요일

정답은 64쪽에 있어요!

가로 뜻풀이

1 글을 쓰거나, 그림을 그리거나, 사진을 찍어서 멋진 작품을 만드는 사람. "나도 〈명탐정 코난〉과 같은 재미있는 글을 쓰는 ○○가 되고 싶어."
2 작은 공깃돌 다섯 개를 가지고 하는 놀이.
3 자신이 있다는 느낌. 실패를 거듭하자 점점 ○○○이 떨어졌다.
4 사계절 중의 하나. 봄, 여름, 가을, ○○

세로 뜻풀이

1 올해의 바로 앞의 해.
2 다른 사람의 기분, 생각을 자기도 똑같이 느끼고 생각하는 것. ㉂ 동감
3 어떤 대상의 생김새나 모양. 주로 여성의 고운 모양새나 태도에 대하여 이르는 말. ○○가 아름다운 그녀에게 모두가 반했어요.
4 태권도에서 두 사람이 실력을 겨루어 보는 일.
5 귀에 끼워 음악이나 소리를 들을 수 있는 작은 기기.

공부한 날 _____월 _____일 _____요일

정답은 64쪽에 있어요!

가로 뜻풀이

1 힘들고 어려운 일을 참고 견디는 마음. ⓑ 인내력
2 귀중하고 꼭 필요한 것. 약속을 지키는 것은 아주 ○○해요.
3 새롭거나 신기한 것을 알고 싶어 하는 마음. 전학 온 친구를 우리들은 ○○○어린 눈빛으로 쳐다봤다.
5 상황을 잘 판단하고 이해하며 합리적으로 행동할 수 있는 지적 능력. 지혜와 재능을 아울러 이르는 말.

세로 뜻풀이

1 자연을 가공하여 사람이 만든 것. ⓐ 천연
2 물건의 한가운데. 가장 중요하고 기본이 되는 부분.
3 밀가루나 찹쌀가루를 반죽하여 설탕을 넣고 둥글넓적하게 구운 떡. 겨울에 많이 먹어요.
4 수를 나누는 것.
5 옛날에 물건을 등에 지고 나를 수 있게 만든 운반 도구. 수레나 마차가 지나가지 못할 만큼 좁은 길에 꼭 필요했어요.

공부한 날 _____ 월 _____ 일 _____ 요일

정답은 64쪽에 있어요!

놀이터

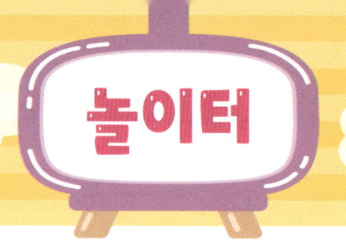

무서운 분장을 한 아이들과 맞는 그림자를 찾아보세요.

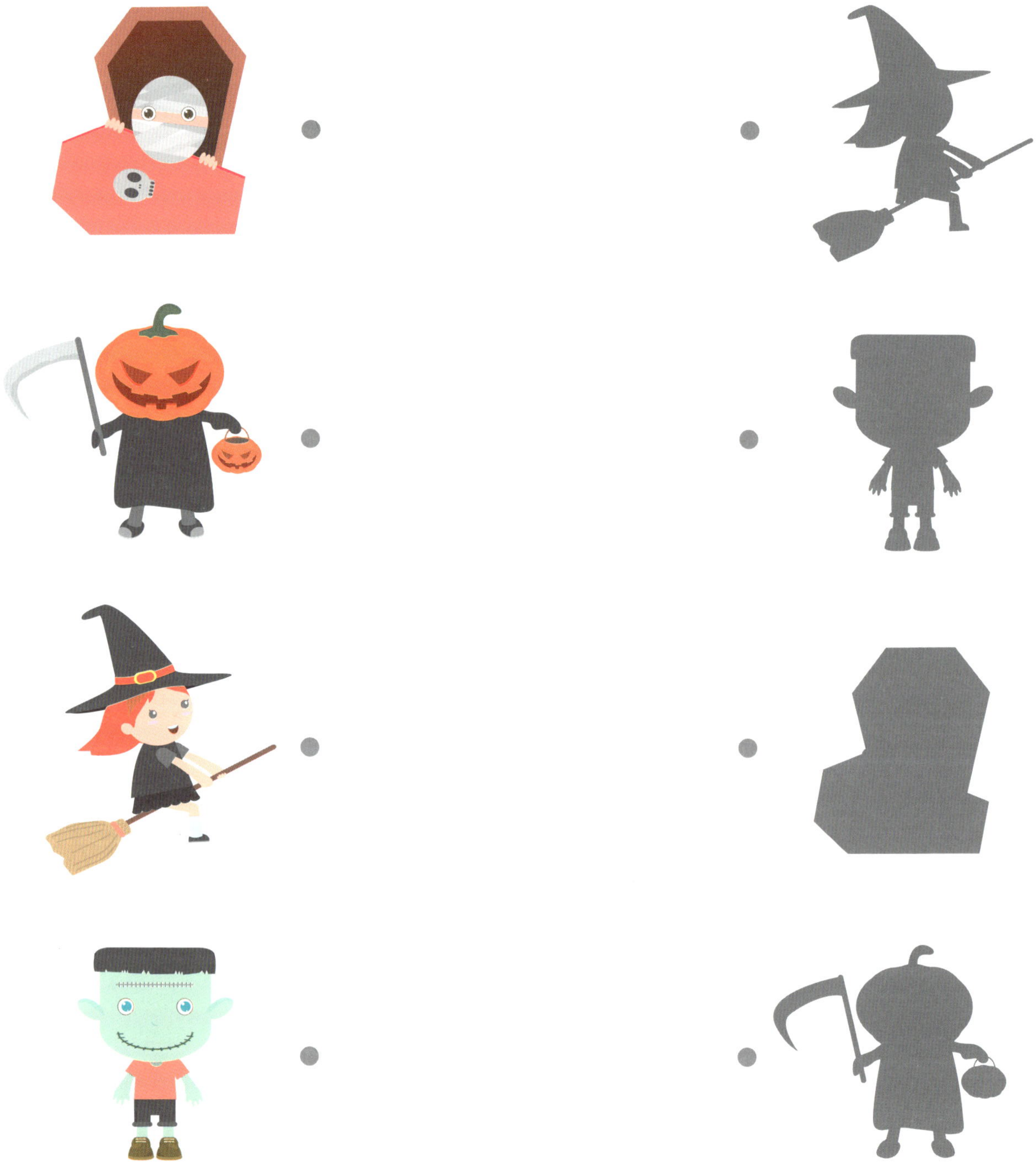

정답은 64쪽에 있어요!

아래 계획표를 보고 <보기>에서 알맞은 낱말을 골라 문장을 완성해 보세요.

계획표

8월 25일 (월) – 논술학원, 수학학원(연산), 영어학원(파닉스)

8월 26일 (화) – 태권도, 피아노학원

8월 27일 (수) – 수학학원(두 자릿수 곱셈), 피아노학원 (콩쿠르대회 최종 연습)

8월 28일 (목) – 태권도, 음악줄넘기

8월 29일 (금) – 수학학원(테스트), 영어학원(단어시험)

8월 30일 (토) – 피아노 콩쿠르대회

8월 31일 (일) – 신나게 놀기

 **보기**   내일   이틀   사흘   나흘

① 오늘은 월요일! (　　　)은 태권도와 피아노학원만 가는 날이라 신난다.

② 피아노학원에서 콩쿠르대회 최종 연습을 하고 (　　　) 뒤에 대회에 참여한다.

③ 영어학원에서 파닉스를 배우고 나서 (　　　) 뒤에 단어 시험을 본다. 긴장하지 말고 집중해서 봐야겠다.

④ 수학학원에서 연산을 공부하고 나면 (　　　) 뒤에 두 자릿수 곱셈을 배운다. 처음 배우는 거라 떨리기도 하고 설레기도 하다.

정답은 126쪽에 있어요!

61

넌센스 퀴즈를 풀어 보세요.

1 기어다니는 팽이는? _____

2 다리는 있는데 발이 없는 것은? _____

3 굴은 굴인데 먹을 수 없는 굴은? _____

4 사자를 넣고 끓인 국은? _____

5 '골뱅이가 무를 때렸다'를 다섯 글자로 하면?

_____

6 사람들이 즐겨 먹는 피는? _____

7 직접 만든 총은? _____

8 사람이 먹을 수 있는 제비는? _____

정답 : 1-달팽이, 2-바지, 3-동굴, 4-동물의 왕국, 5-골뱅이의 무공, 6-커피, 7-수수깡, 8-수제비

빨간 모자를 쓴 소녀가 집을 찾아갈 수 있도록 바르게 쓴 낱말을 따라가며 미로를 빠져나가 보세요.

정답은 126쪽에 있어요!

정답

P.47

P.49

P.51

P.53

P.55
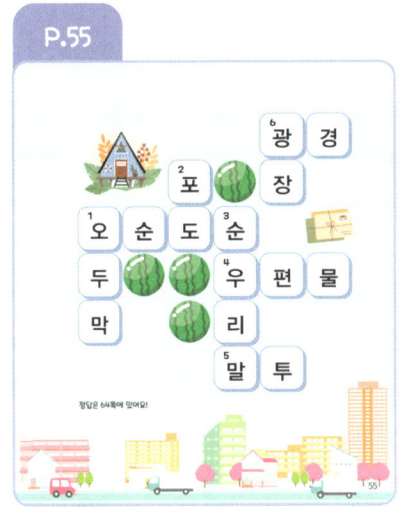

P.57

P.59

P.60

4단계

낱말퍼즐 1
낱말퍼즐 2
낱말퍼즐 3
낱말퍼즐 4
낱말퍼즐 5
낱말퍼즐 6
낱말퍼즐 7
놀이터 1
놀이터 2
놀이터 3
놀이터 4
정답지

가로 뜻풀이

1 행동이 느리거나 게으른 사람을 가리키는 말. ○○○ 거북이
3 힘이나 돈을 들이지 않고 거저 얻는 것. 세상에 ○○는 없다.
4 사람이나 물건, 일이 서로 연결되어 있는 것.
6 시원하고 부드럽게 부는 약한 바람.

세로 뜻풀이

1 몸이나 마음으로 알게 되는 기운이나 감정. 엄마가 안아주면 기분 좋은 ○○이 들어요.
2 친절한 마음씨나 은혜를 갚는 것. 여러분의 성원에 ○○하겠습니다.
3 두렵고 무서움. "난 〈몬스터 주식회사〉 같은 ○○영화는 싫어."
5 수나 양을 세는 것. 덧셈, 뺄셈, 곱셈, 나눗셈을 모두 이르는 말. "용돈 ○○을 잘못해서 돈이 남았어."
7 들에 저절로 자라서 피는 꽃. 비 야생화

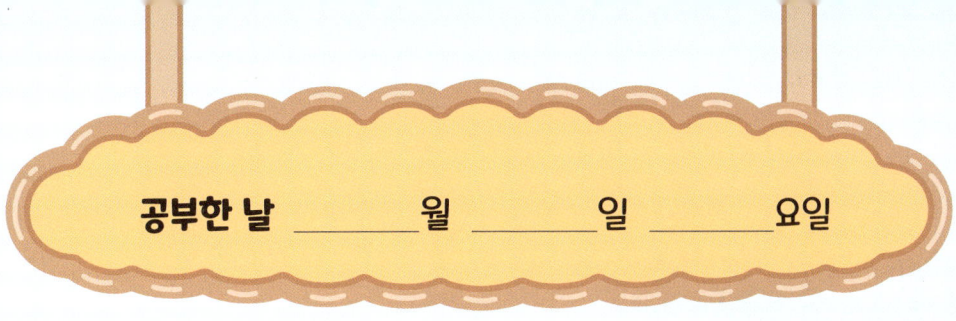

공부한 날 _____월 _____일 _____요일

정답은 84쪽에 있어요!

가로 뜻풀이

1 밖에서 밥을 먹을 수 있게 음식을 담아서 가지고 다니는 그릇. 소풍 ○○○에는 김밥이 담겨 있었어요.
2 요금을 받고 원하는 곳까지 태워다 주는 영업용 승용차.
4 아주 자주도 아니고, 아주 드물지도 않게 한 번씩. ㈂ 간간이
5 둘 이상이 함께. ㈐ 따로
6 일정한 성질에 따라 나누어지는 것. 뷔페에는 많은 ○○의 음식이 있어요.

세로 뜻풀이

1 정치, 경제, 문화의 중심이면서 사람들이 많이 사는 지역. ㈐ 시골
2 우편물이나 물건, 상품을 원하는 장소까지 직접 배달해 주는 일. "할머니가 김치를 ○○로 보내주셨어."
3 윷놀이할 때 던지는 나무 막대.
6 글을 쓰거나 그림을 그릴 수 있게 만든 얇은 물건. 한지는 우리나라의 전통 ○○입니다.

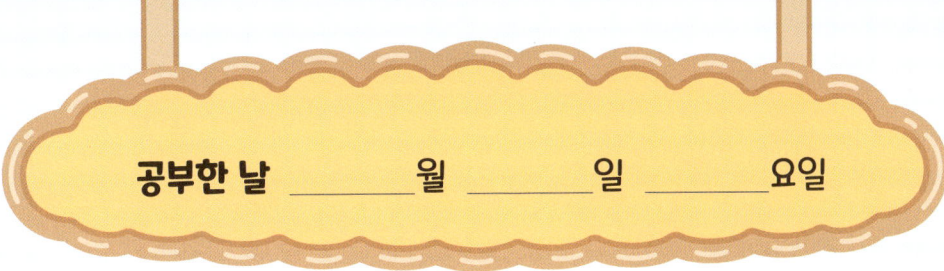

공부한 날 ____월 ____일 ____요일

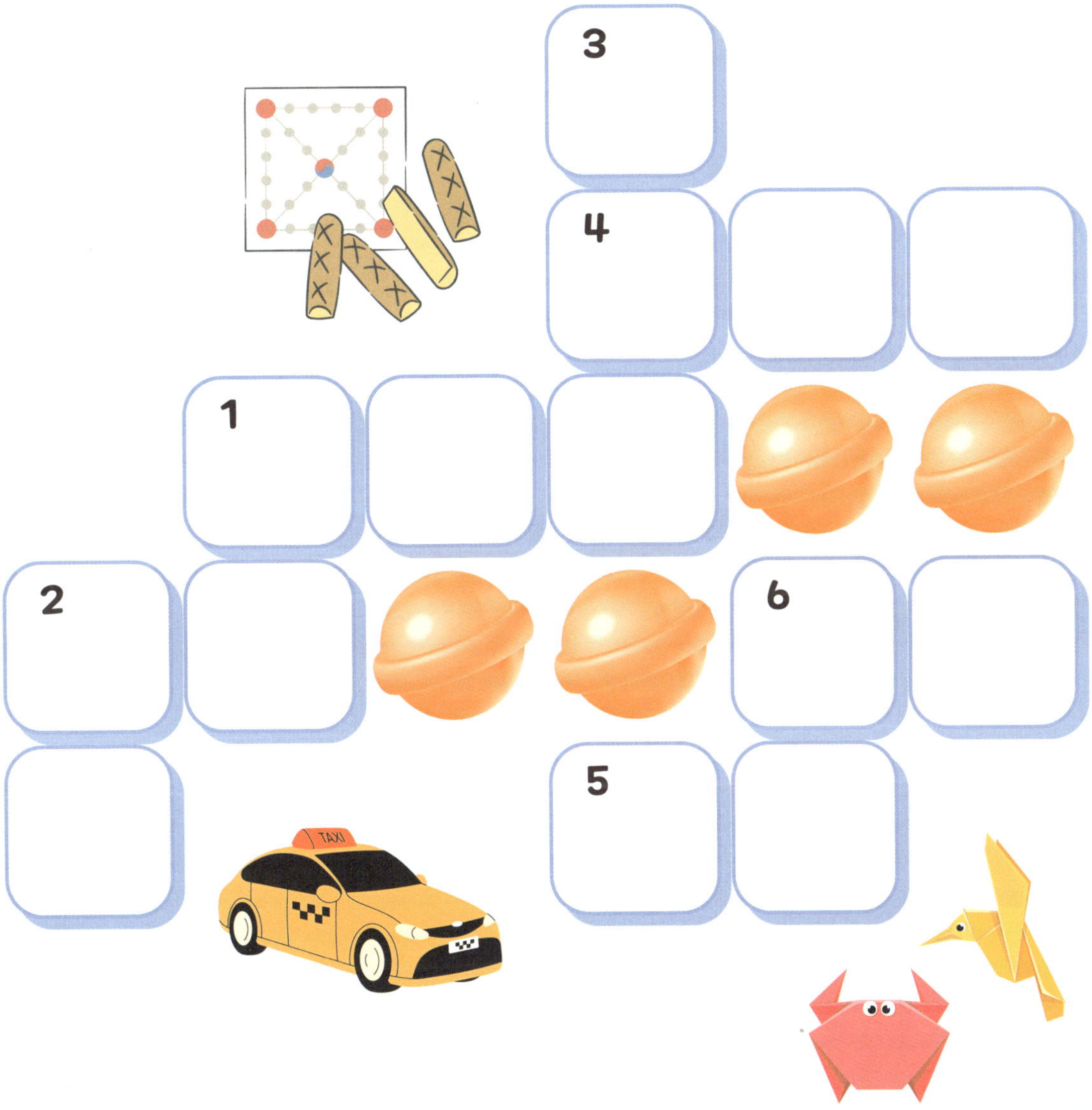

정답은 84쪽에 있어요!

가로 뜻풀이

1 다른 사람의 집이나 가족을 높여 부르는 말. "할머니, ○에서 편안히 쉬세요!"
2 간질간질한 느낌. 우리 형은 몸에 손만 닿으면 ○○○을 탄다.
4 깨끗하고 말끔함. 주방은 깨끗하게 화장실은 ○○하게~ ㉠ 불결
5 어떤 일을 잘 해낼 수 있는 능력이나 힘. 민서의 노래 ○○은 가수 뺨쳤다.
6 높고 큰 건물 안에 여러 집이 사는 공동 주택. 친구랑 ○○○ 놀이터에서 그네를 탔어요.

세로 뜻풀이

2 복잡하지 않고 쉽고 간단하다.
3 어떤 일이나 현상이 생기지 않도록 막음. 화재 ○○를 위해 항상 불조심해요.
4 귀로 소리를 듣는 능력.
6 나이가 어린 사람. ㉡ 아기

공부한 날 _____월 _____일 _____요일

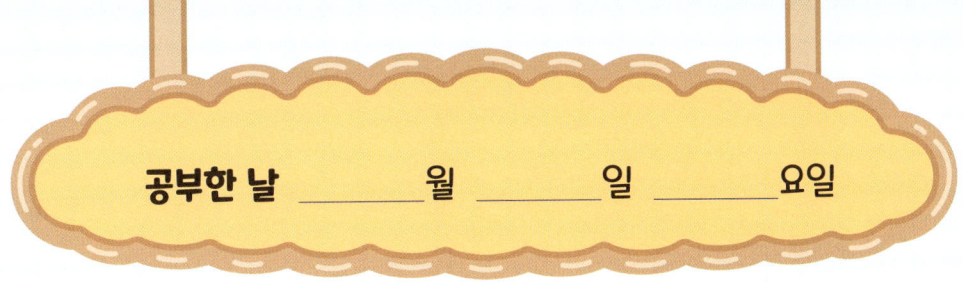

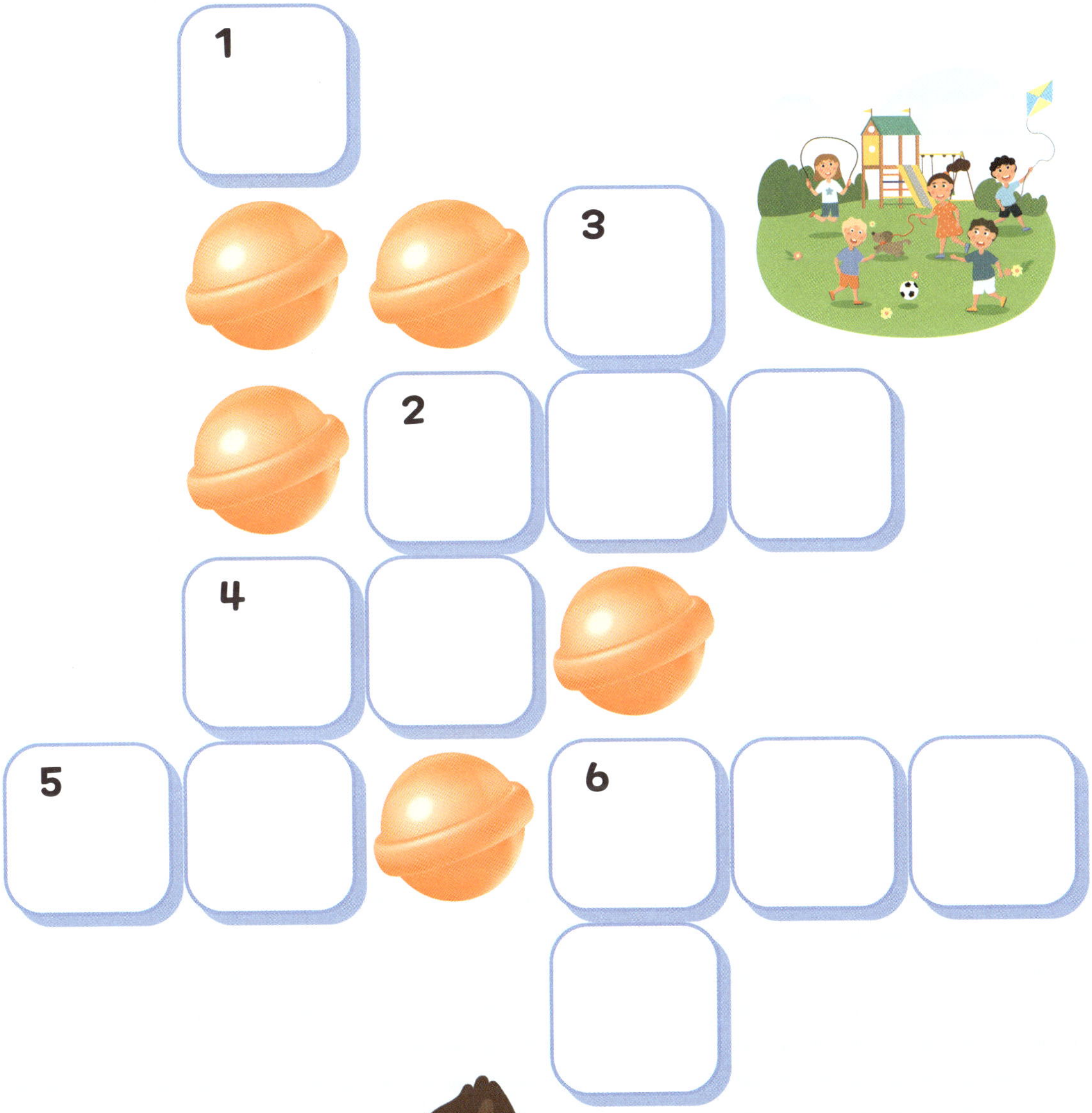

정답은 84쪽에 있어요!

가로 뜻풀이

1 등산할 수 있도록 만들어진 길.
2 길의 양쪽 가장자리 부분. 버스가 갑자기 고장 나 ○○에 멈추어 섰어요.
4 땅의 끝과 하늘이 맞닿아 경계를 이루는 선.
7 뜻을 가진 말의 가장 작은 단위. "어려운 ○○은 사전에서 찾아보면 돼." 비 단어

세로 뜻풀이

1 학생이 학교로 가는 길. ○○○과 하굣길에는 많은 친구들을 만나요.
3 여러 개의 물건이 삐뚤빼뚤하지 않고 고르게 놓여 있는 것. 비 나란히
5 전에 본 기억이 없어 익숙하지 않고 어색하다. 처음 가 본 ○○ 동네가 재미있어요.
6 사람이 만든 움직이는 기계. 미래 사회는 사람이 하는 일의 많은 부분을 ○○이 대체할 거예요.
8 사람이 입으로 말하는 횟수나 양. 민수는 ○○가 적어서 조용해요.

공부한 날 _____월 _____일 _____요일

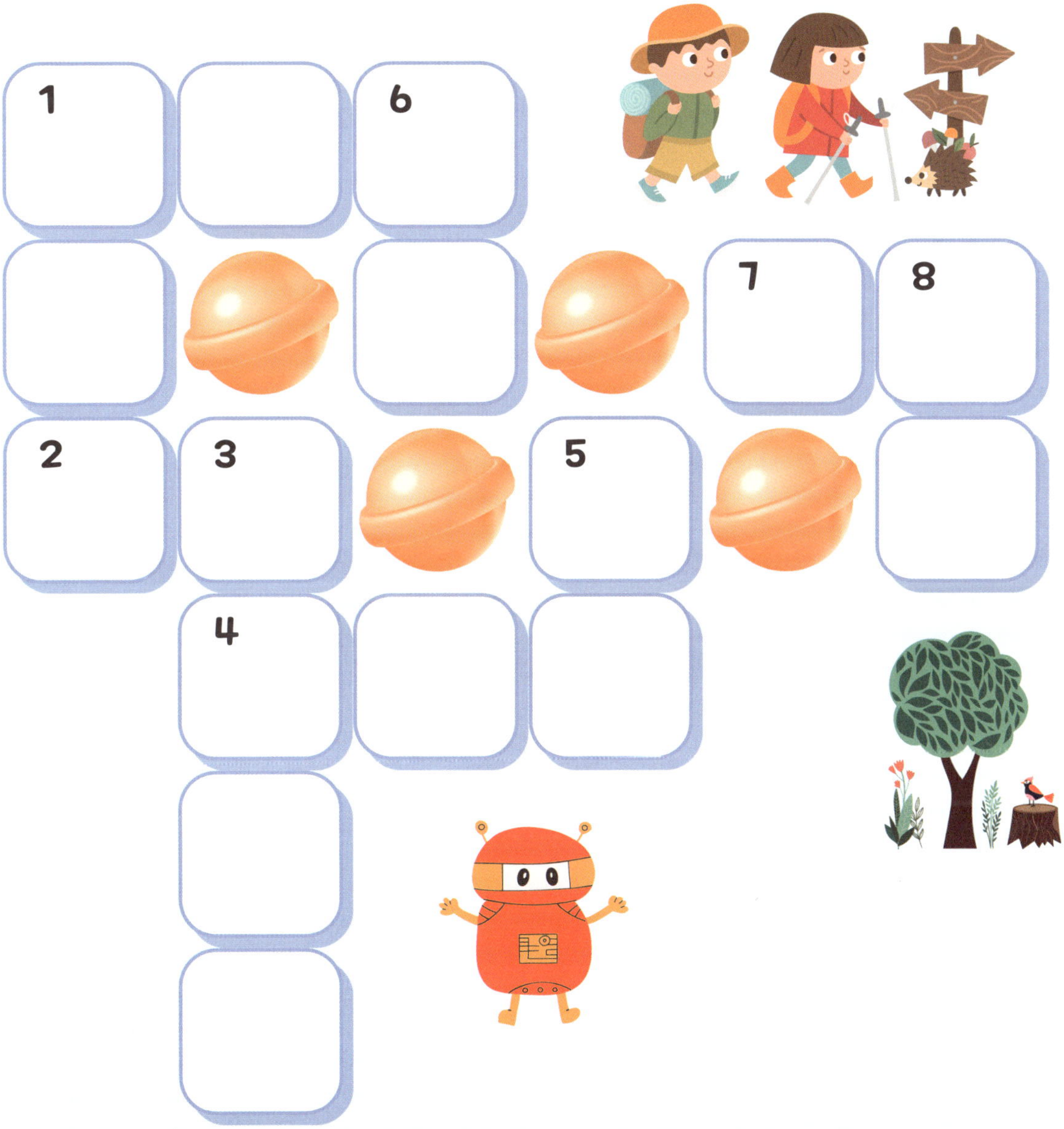

정답은 84쪽에 있어요!

가로 뜻풀이

1. 빛이나 생각, 정신이 잠깐 사라졌다가 다시 나타나는 모양. '깜박'의 센말.
2. 시간이나 돈, 물건을 함부로 헛되이 쓰는 것. 먹지 못할 음식을 가져다 남기는 것도 ○○입니다.
4. 물체가 움직이거나 일이 진행되는 빠르기. 학교 앞 자동차 ○○는 30km/h로 제한되어 있어요.
5. TV, 인터넷처럼 어떤 사실이나 정보를 한쪽에서 다른 쪽으로 전달하는 역할을 하는 것. 비 대중매체
6. 음식을 만드는 것.
7. 올해의 바로 다음 해. "동생은 ○○에 초등학교에 입학해."

세로 뜻풀이

1. 갑자기 놀라는 모양. 선생님이 갑자기 불러서 ○○ 놀랐어요.
3. 예절에 어긋나게 대상을 낮추거나 품위 없이 천한 말. 비 은어
5. 하늘에 강물처럼 모여 있는 무수히 많은 별의 무리인 은하수를 순우리말로 표현한 것.

공부한 날 _____월 _____일 _____요일

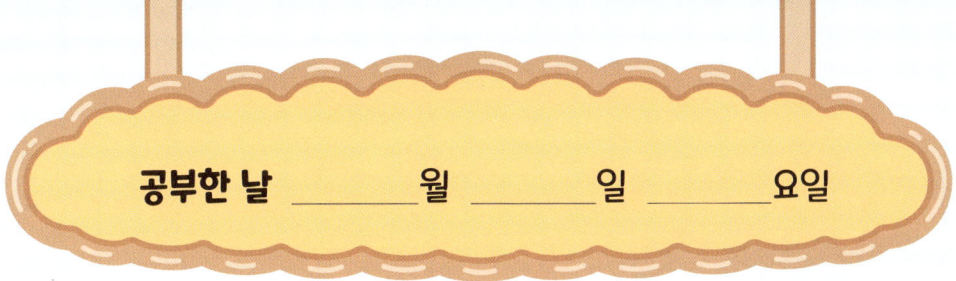

정답은 84쪽에 있어요!

가로 뜻풀이

1 잘라 놓은 떡과 어묵, 야채를 고추장 양념과 함께 볶거나 끓여 만든 음식. 매워도 아주 맛있어요. 짜장 ○○○, 로제 ○○○

2 하나님이나 부처님이 있다는 하늘의 이상적인 세계. "나라를 위해 희생하신 유관순 열사는 분명히 ○○에 가셨을 거야."

3 돌이 잘게 부서지며 만들어진 부드러운 가루 같은 흙. "바닷가에 앉아 ○○성을 만들었어."

4 감자와 함께 인기 만점인 뿌리채소. 주로 전분이 많고 단맛이 나며 구워 먹기도 하고 쪄먹기도 해요.

세로 뜻풀이

1 가래떡을 얇게 썰어 끓인 음식. 설날 아침에 꼭 먹어요.

2 번개가 칠 때 하늘에서 요란하고 크게 울리는 소리.

3 길이나 벽이 구부러지거나 꺾여서 돌아가는 부분. "저기 ○○○를 돌면 우리 집이 나와!"

4 산이나 언덕을 넘어갈 수 있게 길이 있는 비탈진 곳. 어머니가 떡 바구니를 이고 ○○를 넘어가다가 굶주린 호랑이를 만났어요.

5 고맙게 느끼는 마음.

공부한 날 _____ 월 _____ 일 _____ 요일

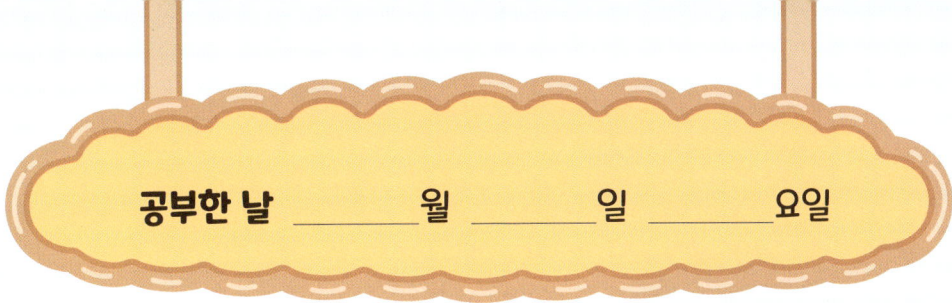

정답은 84쪽에 있어요!

가로 뜻풀이

1 1년 중 밤이 가장 길고 낮이 가장 짧다는 동지가 되는 날. 이 날은 팥죽을 먹어요.

2 국이나 찌개에서 건더기를 뺀 물.

3 일을 잘 꾸며 내거나 닥친 문제를 잘 풀어나가는 영리한 생각이나 방법. 토끼는 ○를 부려 용궁에서 도망쳤어요.

4 돈이나 물건을 쓰는데 지나치게 아끼는 사람. 스크루지 할아버지를 이렇게 부르죠.

5 기쁨, 슬픔, 우울함 같은 마음의 감정 상태. "오늘 엄마 ○○이 안 좋으신 것 같아. 조심해야지~"

세로 뜻풀이

1 스스로 움직이며 먹이를 먹고 살아가는 생물. 사람도 포함돼요. ㈐ 광물

2 한 나라에 속해 있거나, 그 나라의 국적을 가진 사람. 우리는 자랑스러운 대한민국 ○○이지요.

4 서로 다른 점을 알아내서 그것에 따라 나누는 것. ㈑ 구별

5 사물을 잘 다룰 수 있는 재주나 방법. 요리사는 음식을 만드는 ○○이 뛰어나요.

공부한 날 _____월 _____일 _____요일

정답은 84쪽에 있어요!

놀이터

그림에서 똑같은 강아지 두 마리를 찾아 동그라미 해보세요.

정답은 84쪽에 있어요!

비슷한 말을 찾아 선으로 이어 보세요.

굽히다	그치다
멈추다	모으다
합치다	마주치다
만나다	구부리다

반대말을 찾아 선으로 이어 보세요.

연하다	볼록하다
납작하다	빼다
뭉치다	질기다
끼우다	흩어지다

정답은 126쪽에 있어요!

★ 헷갈리기 쉬운 낱말

바라다 / 바래다

'바라다'는 마음속으로 어떤 일이 이루어졌으면 하고 생각하는 것.
'바래다'는 볕이나 습기를 받아 색이 변하는 것.

바른 쓰임새를 알아보며 따라 써 보세요.

 바라다

건강하게 오래오래 사시기를 <u>바랍니다</u>.

 바래다

작년에 입던 티셔츠 색이 많이 <u>바랬다</u>.

그림에 있는 글을 읽고 <보기>에서 적당한 문장을 찾아 써 보세요.

 보기

① "미안해, 많이 아프니?"
② "그러게 왜 거기로 지나가?!"
③ "공이 날아오면 잘 피했어야지~"
④ "아빠, 엄마한테 이르면 가만 안 둔다!!"

놀이터에서 친구들과 다같이 공놀이를 하다가 지나가던 여자아이가 그만 공에 맞았어요. 아파서 울고 있는 여자아이에게 다가가서 뭐라고 하면 좋을까요?

정답 : ① "미안해, 많이 아프니?"

정답

5단계

낱말퍼즐 1
낱말퍼즐 2
낱말퍼즐 3
낱말퍼즐 4
낱말퍼즐 5
낱말퍼즐 6
낱말퍼즐 7
놀이터 1
놀이터 2
놀이터 3
놀이터 4
정답지

가로 뜻풀이

1 새로운 소식을 전해 주는 방송 프로그램. 오늘의 주요 ○○는 바이러스 감염에 대한 소식이었다.
2 말보다 덩치가 작고 큰 귀를 가진 동물. 옛날에는 짐을 옮기는데 이용했어요.
3 나이가 많은 사람을 높여서 이르는 말.
4 자세나 자리, 생각이 바뀌거나 달라지는 것. 적군의 ○○○이 심상치 않다.
6 창문의 가장자리. 햇살이 따뜻한 ○○에 앉아 책을 읽었어요.

세로 뜻풀이

2 듣는 사람을 높여 부르는 말. ○○의 희생을 잊지 않겠습니다.
3 해결하기 어려운 것. 수학 문제를 풀다가 ○○○을 느꼈어요.
5 중간에 아무것도 거치지 않고 바로 연결되는 것. ㉘ 간접
6 새롭고 독창적인 것을 처음으로 만드는 것. 어린이 ○○ 동요 대회

공부한 날 _____월 _____일 _____요일

정답은 104쪽에 있어요!

가로 뜻풀이

1 자신이 바라는 일이나 계획한 것을 이루려고 애쓰고 힘을 들이는 것. 꿈을 이루기 위해서는 많은 ○○을 해야 한다.
2 인터넷 홈페이지의 순우리말.
5 몸을 활발하게 움직이는 것. 친구들과 봉사 ○○을 하니 뿌듯했어요.
7 책상이나 가구에 끼웠다 뺐었다 하게 만든 뚜껑이 없는 상자. 양말을 정리해서 ○○속에 넣었다.

세로 뜻풀이

1 노래를 부를 때 나는 소리.
3 몸의 힘. 몸을 활력 있게 움직이는 기운.
4 물건을 집을 때 쓰는 도구.
6 몸을 움직여 열심히 일하며 살아가는 것. "학교 ○○이 아주 재미있어."
7 유럽과 아메리카 지역의 여러 나라를 이르는 말. ㉰ 동양

공부한 날 _____월 _____일 _____요일

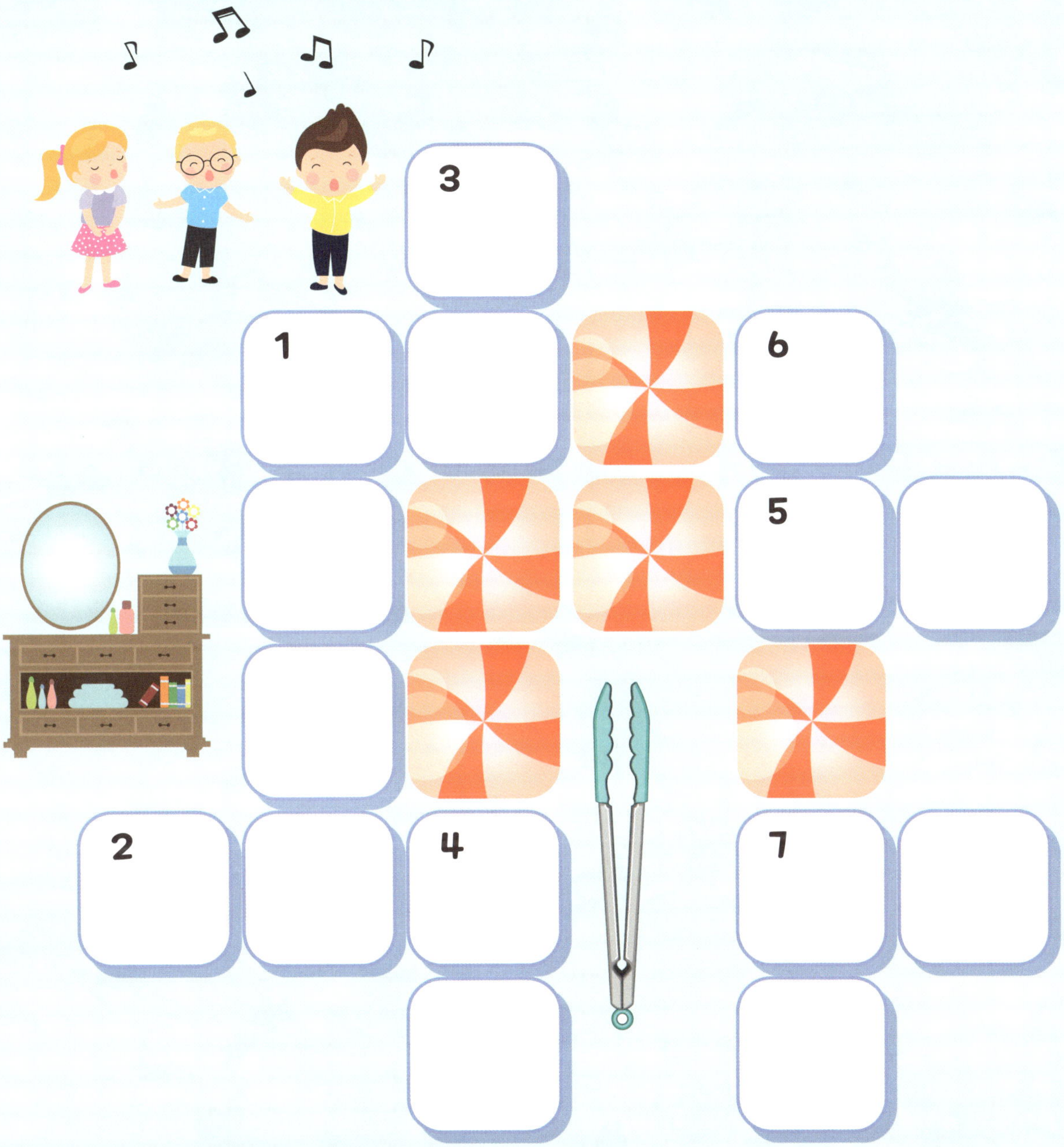

정답은 104쪽에 있어요!

가로 뜻풀이

1 동전을 모아 둘 수 있게 만든 통.
2 인터넷으로 연결되어 함께 소통하거나 자료를 주고받을 수 있는 상태. 친구와 ○○○ 게임을 했어요.
4 사람이 살아서 숨 쉬고 활동할 수 있게 하는 힘. ⓑ 목숨
5 여러 사람 앞에서 연극, 무용, 음악을 보여 주는 것. 축하 ○○, 위문 ○○
7 윗옷의 양쪽에 있는 팔 부분. 옷이 너무 커서 ○○를 접어 입었다.
8 사람이 살아가는데 필요한 지식이나 기술을 배우고 가르치는 활동.

세로 뜻풀이

2 있는 전부 다. 눈이 많이 내려서 세상이 ○○ 하얀색이었어요.
3 사람이 세상을 살아가는 일. ○○은 새옹지마라고도 해요.
6 어떤 것에 대해 연구하는 것을 전문으로 하는 기관.

공부한 날 _____월 _____일 _____요일

정답은 104쪽에 있어요!

가로 뜻풀이

1 욕심이 많은 사람. ㊙ 욕심쟁이

4 고기와 채소를 넣어 볶은 까만 소스에 국수를 비벼 먹는 중국 음식. 짬뽕과 친구.

5 시간적으로나 순서상으로 맨 첫 번째. 여섯 살 때 자전거를 ○○ 배웠어요.

세로 뜻풀이

1 씻거나 목욕을 할 수 있도록 만들어진 장소.

2 한결같이 쉬지 않고 부지런하고 끈기가 있는 태도. 운동은 매일 ○○○ 하는 것이 효과가 있어요. ㊙ 끊임없이

3 사물의 둘레나 부피의 굵은 정도. 통나무의 ○○가 내 허리만 했다.

4 마음에 들지 않아 화를 내는 것. "몸이 아파서 엄마한테 ○○을 냈어."

6 어떤 사실이나 사람을 믿는 마음. "혜수는 거짓말을 자주 해서 ○○이 가지 않아."

공부한 날 _____월 _____일 _____요일

정답은 104쪽에 있어요!

가로 뜻풀이

1 개구리같이 생겼으나 더 크고 온몸이 우툴두툴한 동물. ○○아~ ○○아~ 헌 집 줄게, 새집 다오~

2 오염된 물질이나 물건. 폐수 같은 ○○○은 환경을 해칠 수 있으니 잘 처리해야 해요.

4 몸과 마음이 아픈 데 없이 튼튼한 것. 엄마, 아빠는 우리의 ○○이 우선이래요.

5 온통 모래로 뒤덮인 곳. 이곳에서는 낙타를 이용해서 이동해요.

6 움직임이나 모양을 흉내 내는 것. 동생은 그릇을 달그락거리며 설거지하는 ○○만 내고 있었어요.

세로 뜻풀이

1 두꺼운 정도.
2 밤 열두 시부터 낮 열두 시까지의 시간. ㉠ 오후
3 물건을 살 때 내야 하는 가격.
5 잘못을 인정하고 미안하다고 말하는 것.

공부한 날 _____월 _____일 _____요일

정답은 104쪽에 있어요!

가로 뜻풀이

1 물건을 담기 위해 두꺼운 종이나 나무로 만든 네모난 것.
2 어떤 일을 통해 이루려고 하는 것. "이 책을 소개하는 ○○은 여러 가지가 있겠지."
4 두 사람이 함께 주고받는 것. 우리 ○○ 힘을 합치면 못할 것이 없다.
5 사람이 가지고 있는 마음이나 행동의 특징. 주변 환경에 예민한 ○○인 민지는 이사한 첫 날 잠을 이루지 못했어요.

세로 뜻풀이

1 서로 관련이 있는 것. "내가 뭘 하든 ○○하지 마!"
3 정도나 기준에 꼭 알맞은 것. 반 부적절
4 붓을 사용하여 흰 종이 위에 검정 먹으로 글을 쓰는 것. 종이, 붓, 먹, 벼루는 꼭 필요해요.
5 자기의 마음을 스스로 돌아보고 반성하여 살피는 것.

공부한 날 _____월 _____일 _____요일

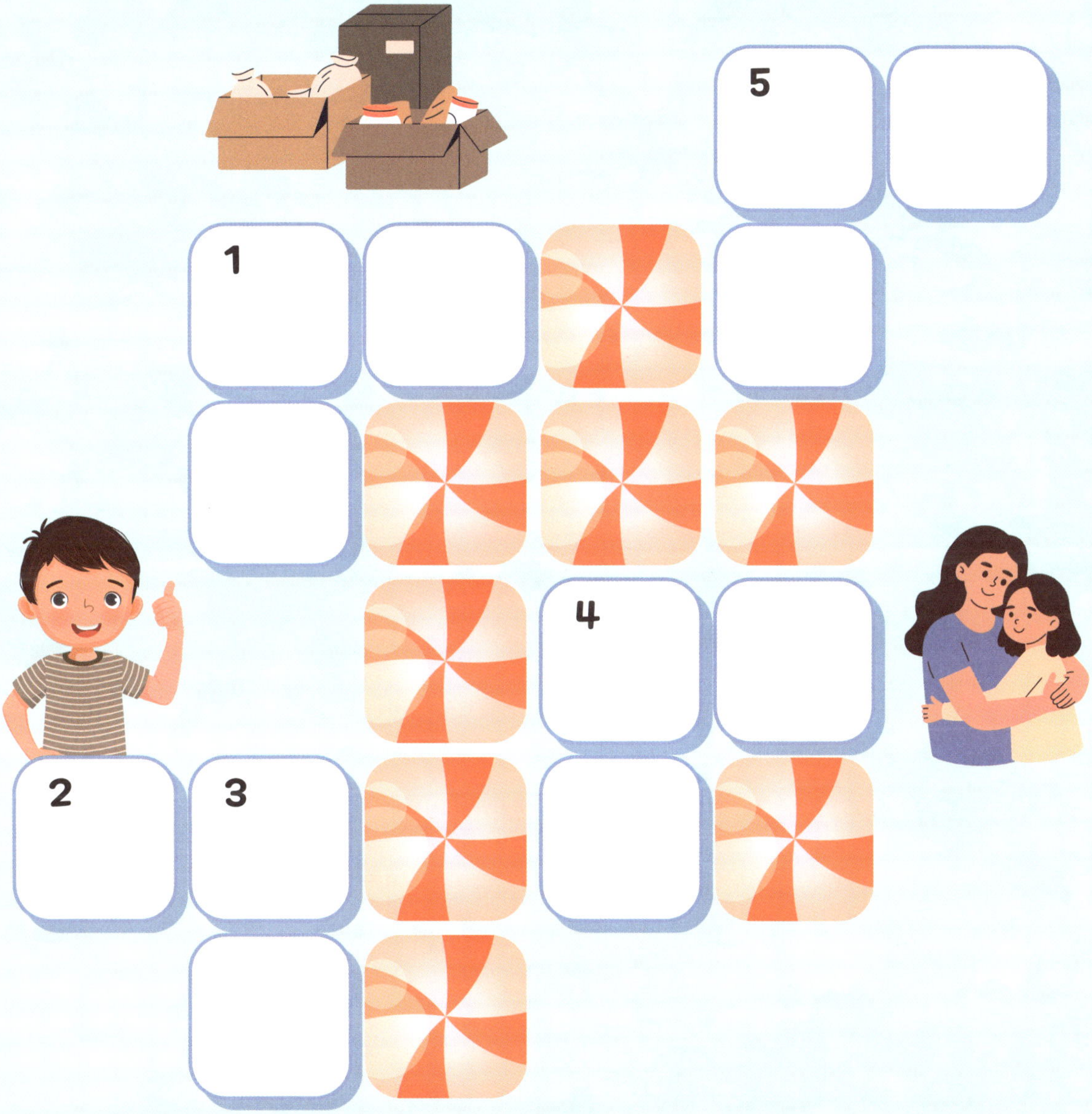

정답은 104쪽에 있어요!

가로 뜻풀이

1 둘 이상의 사물이나 현상이 서로 관계를 맺는 일. 계절의 변화는 날씨와 깊은 ○○이 있어요.

2 소리가 새어 나가거나 들어오는 것을 막기 위해 설치한 벽.

4 사람의 생각과 기억이 저장된다고 믿는 머리 안의 추상적인 공간. 머리의 깊은 속.

6 집의 앞이나 뒤에 평평하게 닦아 놓은 땅. "우리 집 ○○에 꽃을 심기로 했어."

세로 뜻풀이

1 무르고 약하다. "너처럼 ○○한 아이가 저걸 들 수 있겠니?"

2 어떤 사람이나 장소를 찾아가서 만나거나 보는 것. 할머니 댁에 ○○해서 저녁을 먹었다.

3 건물이나 동굴, 무덤 등의 벽에 그린 그림.

4 누워 있을 때 머리에서 가까운 곳. 나는 ○○○에 휴대전화를 두고 자요.

5 겉으로 보이지 않는 실제의 마음. 겉으로는 웃고 있었지만 ○○○은 슬펐어요.

공부한 날 _____월 _____일 _____요일

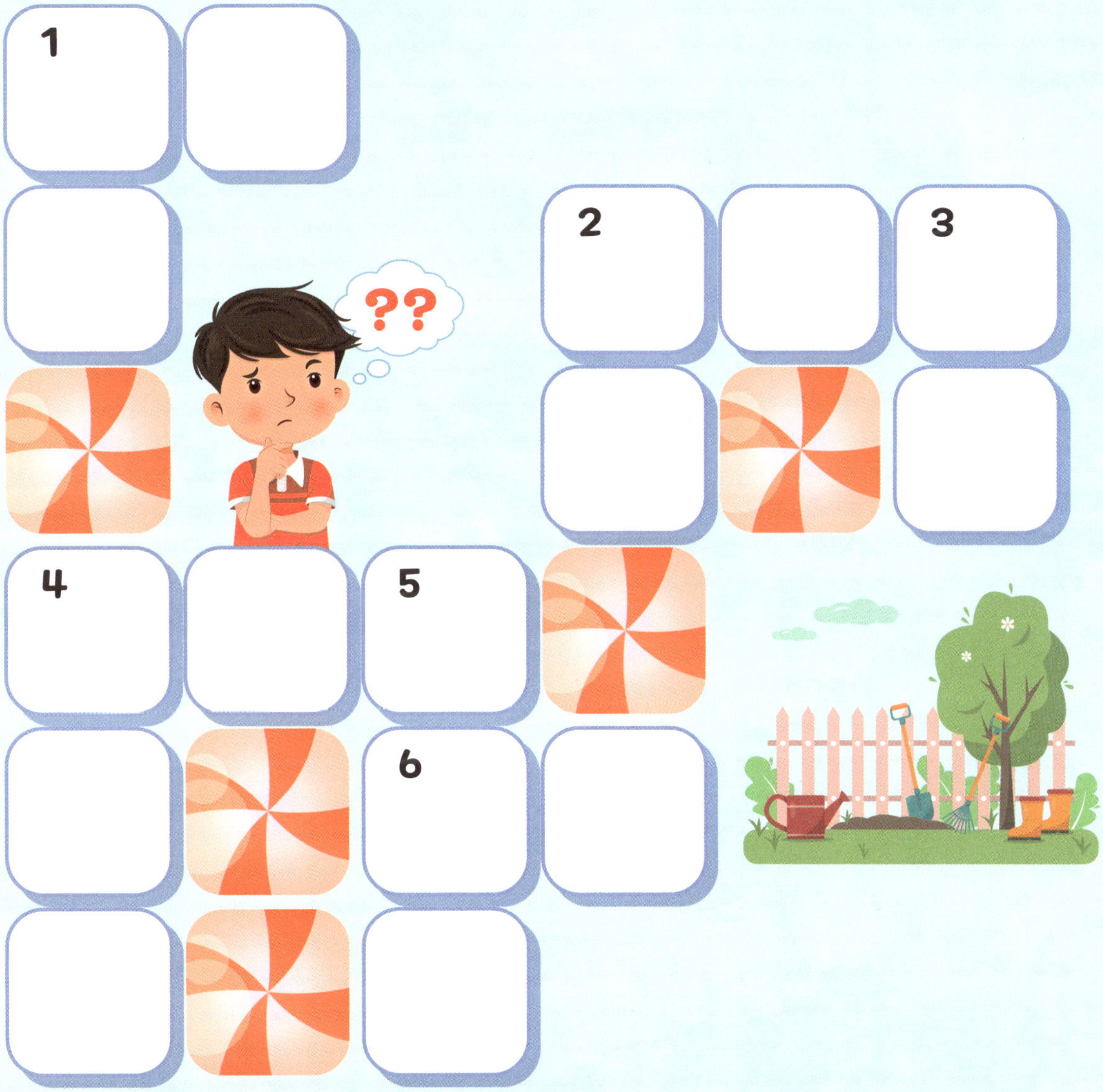

정답은 104쪽에 있어요!

놀이터

그림에서 서로 다른 부분을 찾아 동그라미 해보세요. 모두 10군데입니다.

정답은 104쪽에 있어요!

그림과 같은 순우리말이 들어간 문장을 만들어 보세요.

가람

뜻 강의 옛 이름. 길고 넓은 내.

예 _____

온새미로

뜻 가르거나 쪼개지 않고 생긴 그대로.

예 _____

곰살맞다

뜻 태도나 성질이 몹시 부드럽고 친절하다.

예 _____

맵시

뜻 아름답고 보기 좋은 모양새.

예 _____

넌센스 퀴즈를 풀어 보세요.

1 허수아비의 아들 이름은? _____

2 왕이 헤어질 때 하는 인사는? _____

3 숫자 5가 가장 싫어하는 집은? _____

4 '무가 눈물을 흘린다'를 세 글자로 줄이면? _____

5 미국에서 내리는 비는? _____

6 여름마다 일어나는 전쟁은? _____

7 세상에서 가장 가난한 왕은? _____

8 공이 웃으면? _____

정답 : 1-허수, 2-바이킹, 3-오배다 흉가수, 4-무눈물, 5-USB, 6-다툼비, 7-최저임금, 8-풋볼

선물을 줄 산타 할아버지를 찾아갈 수 있도록 바르게 쓴 낱말을 따라가며 미로를 빠져나가 보세요.

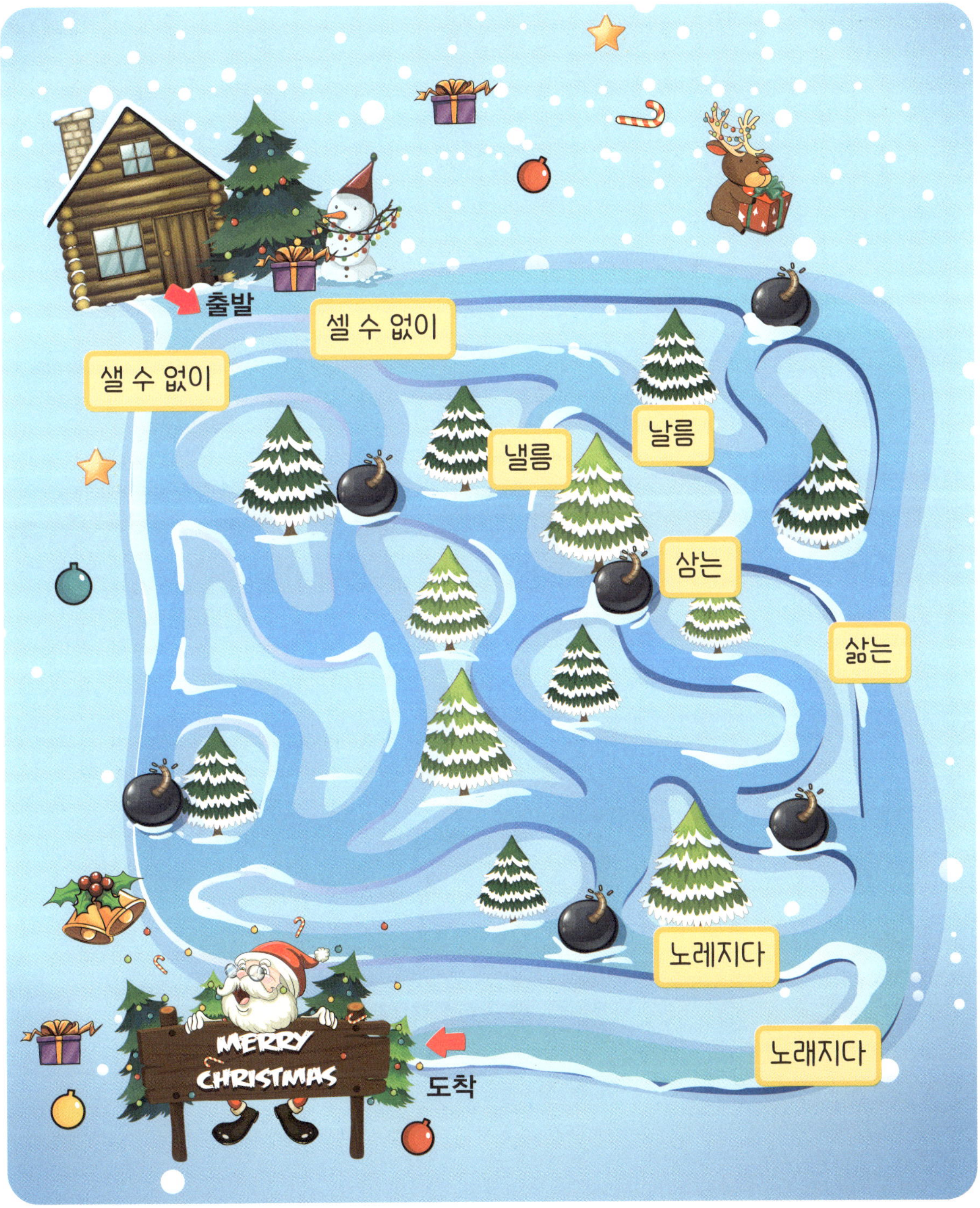

정답

낱말퍼즐 1
낱말퍼즐 2
낱말퍼즐 3
낱말퍼즐 4
낱말퍼즐 5
낱말퍼즐 6
낱말퍼즐 7
놀이터 1
놀이터 2
놀이터 3
놀이터 4
정답지

가로 뜻풀이

1 운동할 때 신는 활동하기 편한 신발.
4 기쁜 마음이 가득 차서 벅찬 감정. 우등상을 받은 동생을 보니 ○○하고 자랑스러웠어요.
5 '엘리제를 위하여'를 작곡한 독일의 유명한 음악가.
7 식물이 잘 자랄 수 있게 도와주는 영양 많은 흙.
8 빠짐없이 모조리. 잃어버린 장난감을 찾기 위해서 방을 ○○○ 뒤졌어요.

세로 뜻풀이

2 나무나 식물의 뿌리에 가까운 부분. 나무를 자르고 나니 ○○만 남았어요.
3 옛날에 숯불을 담아 놓았던 그릇.
6 샐러드나 샌드위치에 넣어서 먹거나 케첩으로 만들기도 하는 붉은 채소. 방울 ○○○
9 머릿속으로 깊이 생각하는 모양. 이 수학 문제의 풀이 과정은 아무리 ○○○ 생각해 봐도 모르겠다.

공부한 날 _____월 _____일 _____요일

정답은 124쪽에 있어요!

가로 뜻풀이

1. 외부 자극에 대하여 어떤 현상이 일어나는 것. 방문을 세게 두드렸지만, 화가 난 형은 아무 ○○도 없었다.
2. 몸이나 팔다리가 가늘고 힘이 없는 상태. 바람이 부니 ○○○ 나뭇가지가 흔들렸다.
3. 서로 마음이 잘 맞아 늘 함께 어울리는 매우 친한 사이. ㈓ 짝꿍
5. 지구에 있는 모든 나라. "나는 ○○ 일주를 하는 것이 꿈이야."
7. 어떤 일이 시작해서 끝날 때까지의 시간. 방학 ○○ 동안 책을 많이 읽었어요.

세로 뜻풀이

1. 앞가슴에 반달 모양의 흰무늬가 있는 곰. 천연기념물 제329호.
4. 짝을 이룬 친구. 우리는 환상의 ○○이랍니다. ㈓ 단짝
6. 앞으로 할 일을 미리 생각하여 정하는 것. "이번 방학에 구구단을 외울 ○○이야."
7. 어떤 것이 가지고 있는 역할이나 능력. 요즘 스마트폰은 내비게이션의 ○○도 가지고 있어요.

공부한 날 _____월 _____일 _____요일

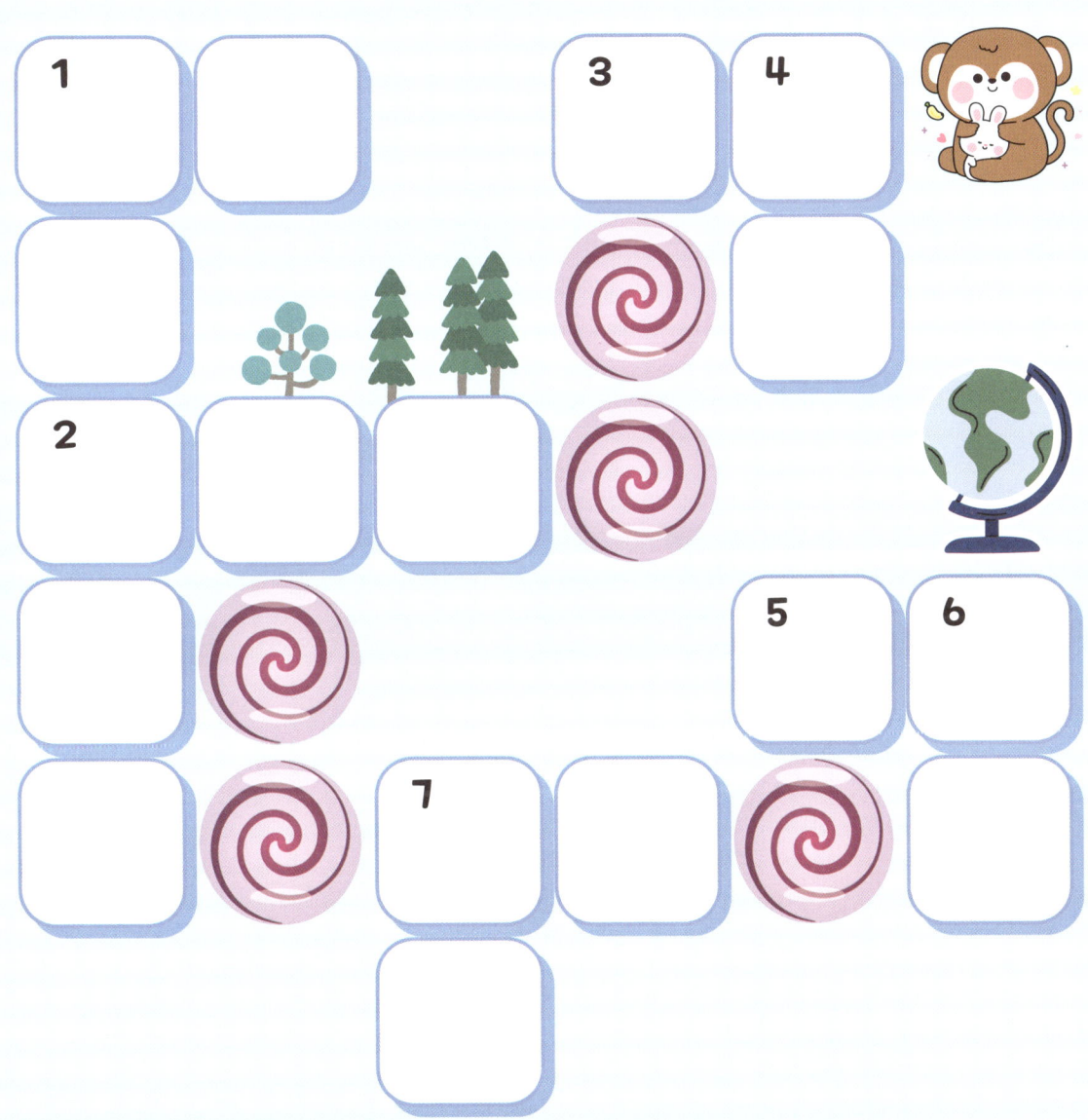

정답은 124쪽에 있어요!

가로 뜻풀이

1 이유도 모르고 남이 하는 대로 따라 하는 것. 엄마가 웃자, 아빠도 ○○○ 웃었다.

2 어떤 일을 할 때 보이는 마음가짐이나 모습. "좋다는 건지 싫다는 건지 ○○를 분명히 해!"

3 충분히 이해하여 확실하게 아는 것. 비 이해

5 병이나 사고가 일어나기 전에 미리 준비하고 막는 일. 병은 치료보다 ○○이 더 중요해요.

세로 뜻풀이

1 몸의 전체적인 부피나 크기. "쟤는 ○○는 큰데 성격이 소심해." 비 몸집

2 아주 센 바람과 많은 비가 오는 것.

3 바다에 바람이 불어 일어나는 물결. 철썩철썩 ○○치는 소리가 들려왔다.

4 음의 높낮이, 박자를 목소리나 악기로 표현한 예술. "TV에서 신나는 ○○이 나오고 있어."

5 한참 전의 일이나 때. 흰머리가 ○○보다 많아졌다. 비 옛날

공부한 날 _____월 _____일 _____요일

정답은 124쪽에 있어요!

가로 뜻풀이

1 미워하는 것.

2 옛날에 있었던 이야기나 있었을 것 같아 꾸며낸 재미있는 이야기.

3 일이 크게 한 번 벌어진 것. 집에 있던 동생이 없어져 ○○○ 난리가 났다.

4 몸무게는 200~250kg까지 되며, 짧은 다리와 꼬리 그리고 뾰죽한 주둥이가 특징이에요. 아기 ○○ 삼형제

세로 뜻풀이

1 여러 가지 미술 작품을 모아 두고 사람들에게 보이는 곳.

2 지나간 지 아주 오래된 날. 할머니가 들려주시는 ○○이야기는 참 재밌어요!

3 걱정이 있거나 긴장이 풀려 안도할 때 길게 몰아서 내쉬는 숨. 자주 쉬면 보기 좋지 않아요.

5 어린 소. '못된 ○○○ 엉덩이에 뿔난다'라는 속담도 있어요.

공부한 날 _____월 _____일 _____요일

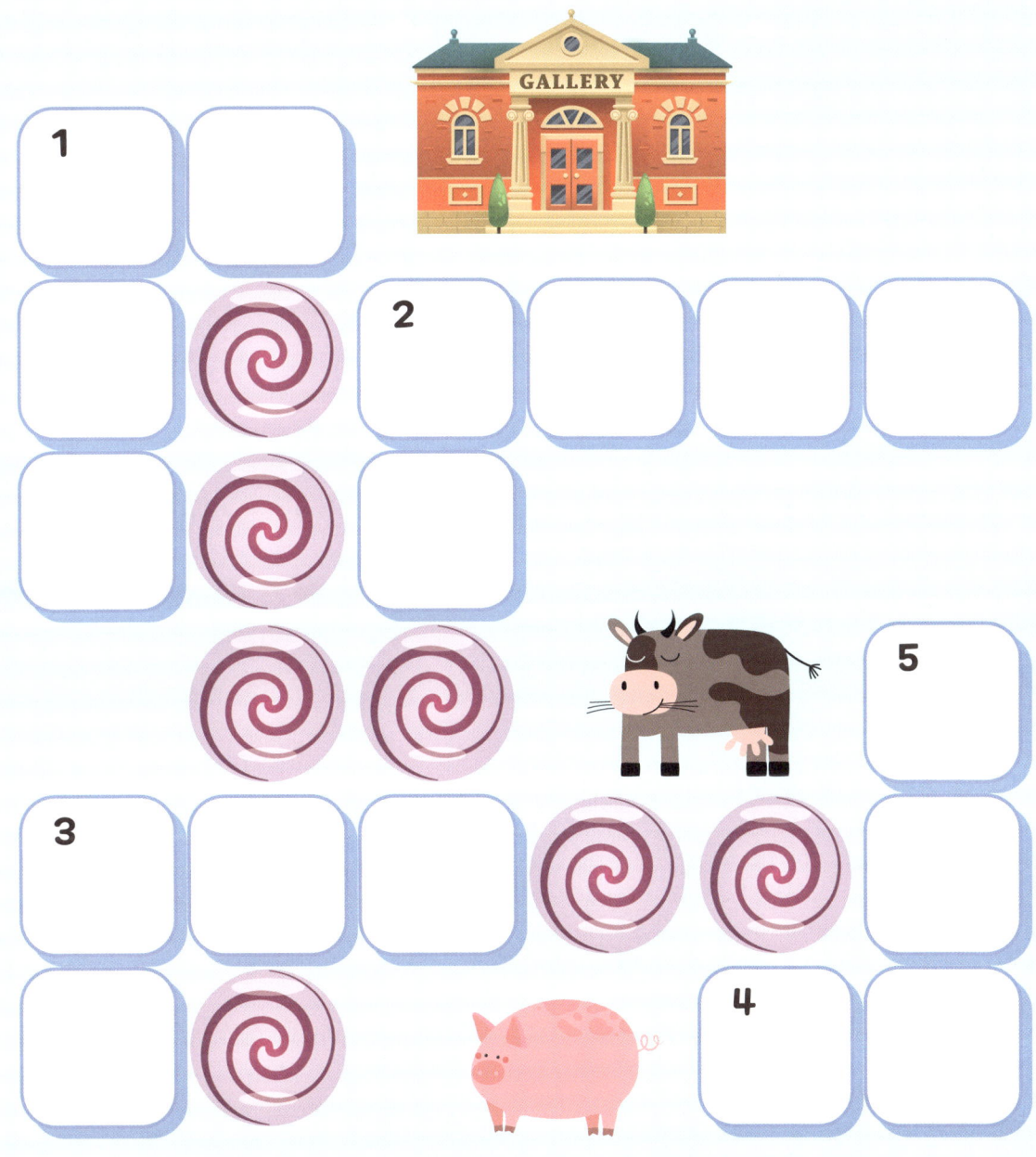

정답은 124쪽에 있어요!

🗨 가로 뜻풀이

1 졸음이 살며시 오는 모양. 울다 지친 동생은 엄마 등에 업혀 ○○○ 잠이 들었어요. ⑪ 스르르

2 스스로 훌륭하다고 여기는 것을 남에게 뽐내는 것. "친구들에게 우리 집 방울토마토를 ○○ 하려고 했는데 관심이 없어."

4 같은 일을 여러 번 되풀이 하는 것. 언니는 떡볶이를 ○○ 먹는다.

5 여러 가지 중에서 가장 뛰어난 것. ○○의 바로 아래는 버금.

🗨 세로 뜻풀이

1 뜻밖에 갑자기 일어난 좋지 않은 일. 뉴스에서 크고 작은 사건 ○○가 계속 보도되고 있어요.

2 무엇을 하기 위한 바탕이 되는 재료. 기사를 쓰기 위해 ○○를 수집하다.

3 높이 서 있는 가파른 지형. 산 정상에 오르자, 눈앞에 아찔한 ○○이 나타났다. ⑪ 낭떠러지

4 매우 자신 있는. 우리 반이 이길 거라 ○○○○ 했다.

공부한 날 ____월 ____일 ____요일

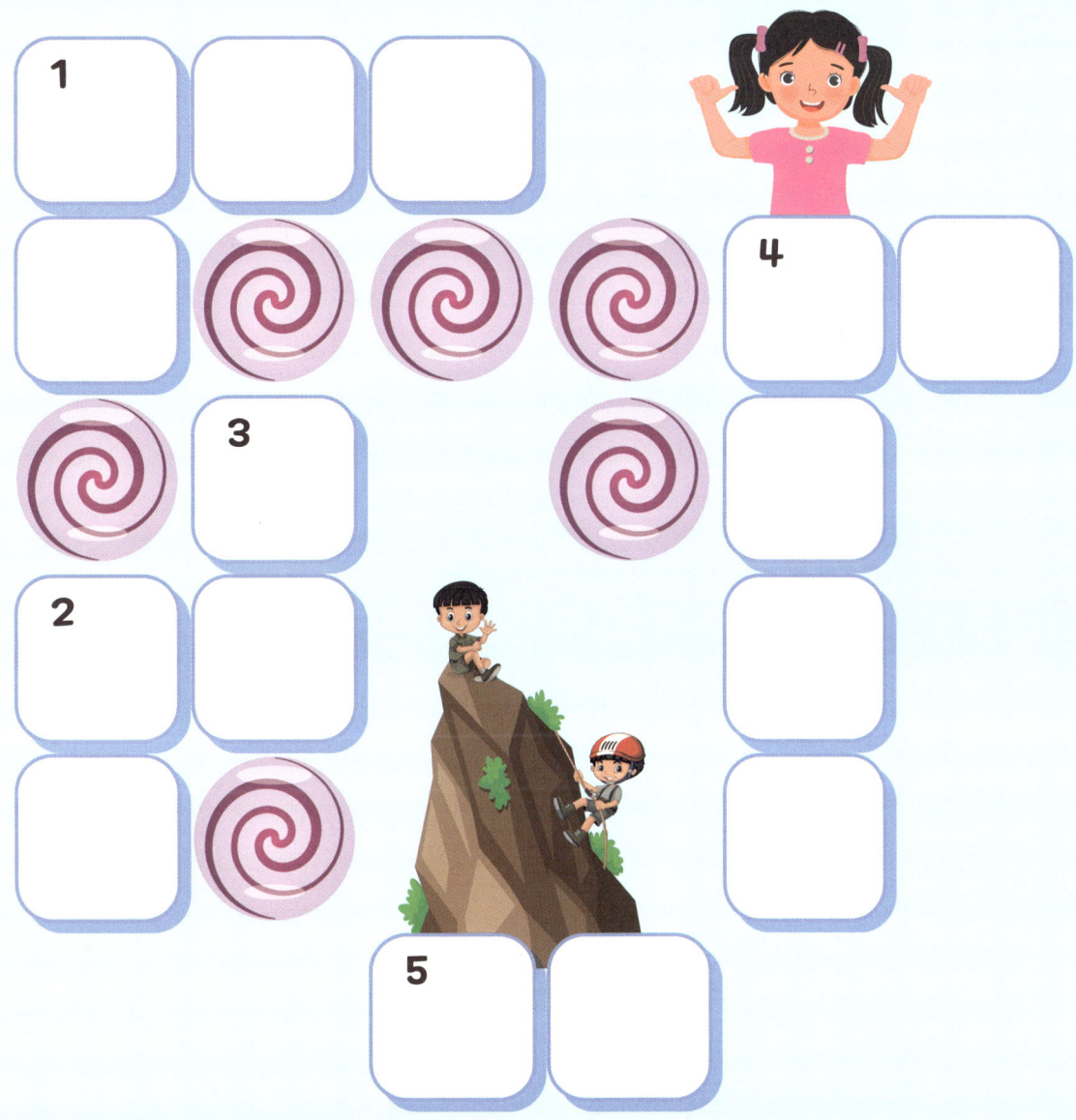

정답은 124쪽에 있어요!

가로 뜻풀이

1 다른 힘을 빌리지 않고 스스로. "창문이 ○○○ 열렸어."
3 정신적, 물질적으로 이롭고 보탬이 되는 일. 반 손해
5 마법을 부리는 사람. 오즈의 ○○○
7 무엇인가를 주고받기로 하고 이기느냐 지느냐를 겨루는 일. "누가 더 빨리 뛰는지 ○○할까?"

세로 뜻풀이

2 곡식이나 떡을 넣어 빻거나 치는 전통 기구.
3 어떤 일을 일으키게 하는 근본이 된 일이나 사건. "공부 못하는 ○○가 왜 이렇게 많아?"
4 공동의 이익. 요즘은 ○○광고도 재미있게 만들어요. 반 사익
6 몸집이 크고 뚱뚱한 동물. 입이 아주 크고 다리가 짧아요. 물 먹는 ○○가 익숙하죠?
8 꽃, 향수 등에서 나는 좋은 냄새. 반 악취

공부한 날 _____월 _____일 _____요일

정답은 124쪽에 있어요!

가로 뜻풀이

1 어떤 문제나 일에 대하여 가지는 생각. "엄마 생신 때 어떤 선물이 좋을지 ○○을 모아보자."
2 생명, 신체, 재산 등에 손해를 보는 것. 사람들에게 ○○를 많이 준 호랑이를 둘러메고 마을로 돌아왔어요.
5 눈을 크게 뜨고 여기저기를 자꾸 둘러보는 모양.
6 직장에서 일을 마치고 집으로 돌아가는 것.
7 책의 맨 앞뒤 겉장. 이 책의 ○○는 비닐로 코팅되어 있어 잘 찢어지지 않아요.

세로 뜻풀이

1 사람이 앉을 수 있게 만든 것. 교실에는 책상과 ○○가 많아요.
3 어떤 문제나 사건을 풀거나 잘 처리함. 어려운 문제를 여럿이 힘을 모아 ○○했다.
4 누군가가 우는 소리. 반 웃음소리
8 땅속에 굴을 파서 만들어진 철로 위를 달리는 전동차. 우리 집은 ○○○역에서 가까워요.

공부한 날 ____월 ____일 ____요일

정답은 124쪽에 있어!

놀이터

그림에서 숨은 그림을 〈보기〉에서 찾아 동그라미 해보세요. 모두 10개입니다.

정답은 124쪽에 있어요!

감정표현에 관한 낱말을 보고 알맞은 뜻을 찾아 연결해 보세요.

찡하다 • • 마음이 섭섭하거나 외로워 슬프다.

서글프다 • • 마음이 가라앉지 않고 들떠서 두근거리다.

당황하다 • • 감동을 받아 뼈근하도록 울리는 느낌이 들다.

설레다 • • 놀라서 어찌해야 할지 모르겠다.

정답은 126쪽에 있어요!

갔습니다 / 같습니다

'갔습니다'는 사람이나 탈것이 자리를 옮겨 다른 곳으로 움직이는 것.
'같습니다'는 서로 다르지 않고 구별됨이 없이 똑같다는 것.

바른 쓰임새를 알아보며 따라 써 보세요.

 갔습니다

주말에 가족과 함께 동물원에 갔습니다.

 같습니다

하늘에 떠 있는 구름이 솜사탕 같습니다.

그림에 있는 글을 읽고 〈보기〉에서 적당한 문장을 찾아 써 보세요.

 보기

① "동생이 갖고 놀고 싶다는데, 양보도 못 해?!"
② "동생이 갑자기 뺏어가서 속상했겠네."
③ "같이 놀라고 사준 건데 왜 자꾸 싸우니!"
④ "싸울 거면 가지고 와. 다 버려야겠다!"

동생과 함께 재미있게 장난감을 가지고 놀고 있는데, 갑자기 동생이 내가 가지고 놀던 장난감을 뺏어가면서 다툼이 생겼어요. 이때 엄마가 형에게 뭐라고 하면 좋을까요?

정답 : ② "동생이 갑자기 뺏어가서 속상했겠네."

정답

P.107

P.109

P.111

P.113

P.115

P.117

P.119

P.120

정말 잘했어요!

 이름: ....

1단계	☆	☆	☆	☆	☆	☆	☆
2단계	☆	☆	☆	☆	☆	☆	☆
3단계	☆	☆	☆	☆	☆	☆	☆
4단계	☆	☆	☆	☆	☆	☆	☆
5단계	☆	☆	☆	☆	☆	☆	☆
6단계	☆	☆	☆	☆	☆	☆	☆

QR 및 놀이터 정답

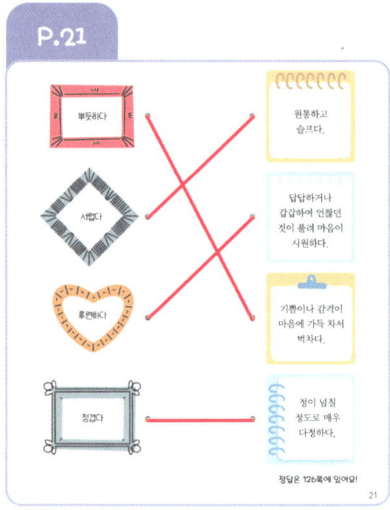

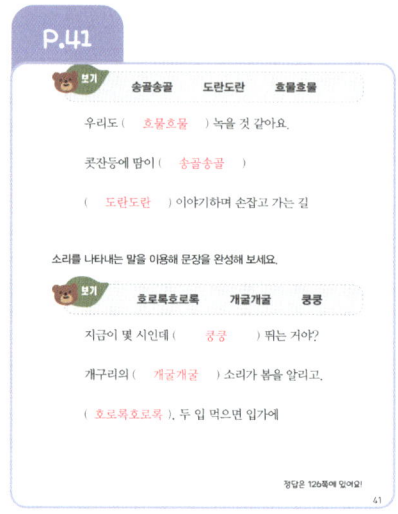
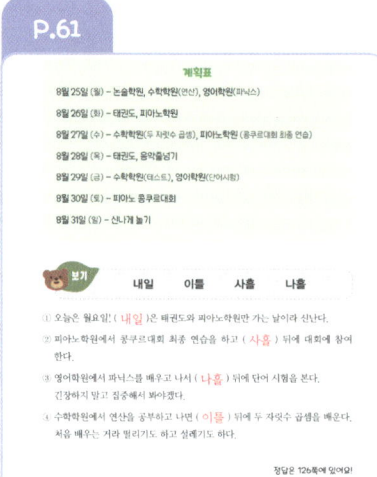

QR코드를 찍어보세요!
각 단계의 정답지와
무료 시트지를
확인 할 수 있습니다.

기획 콘텐츠연구소 수(秀)

"우리 아이들의 말과 글을 어떻게 하면 더 풍성하게 더 깊이 있게 가꿔줄 수 있을까?"를 끊임없이 고민하는 전·현직 초등 교사, 학부모, 에디터 등 교육 실천가들로 구성된 기획 집단. 지난 10여 년간 아이의 어휘력과 문해력 향상이라는 하나의 목표 아래 100여 종의 교재와 교육 콘텐츠를 함께 연구하고 개발하고 있습니다.

똑똑한 낱말퍼즐 2-2

ISBN 979-11-92878-41-6 73370

초판 1쇄 펴낸날 2010년 3월1일 ‖ **3차개정초판 1쇄 펴낸날** 2025년 9월 30일

펴낸이 정혜옥 ‖ **기획** 콘텐츠연구소 수(秀)

표지디자인 twoesdesign.com ‖ **내지디자인** 이지숙

홍보 마케팅 최문섭 ‖ **편집** 연유나, 이은정 ‖ **편집지원** 소노을

펴낸곳 스쿨존에듀 ‖ **출판등록** 2021년 3월 4일 제 2021-000013호

주소 04779 서울시 성동구 뚝섬로 1나길 5(헤이그라운드) 7층

전화 02)929-8153 ‖ **팩스** 02)929-8164 ‖ **E-mail** goodinfobooks@naver.com

블로그 blog.naver.com/schoolzoneok

스마트스토어 smartstore.naver.com/goodinfobooks

■ 스쿨존에듀는 굿인포메이션의 자회사입니다. ■ 잘못된 책은 본사나 구입하신 서점에서 바꾸어 드립니다.

도서출판 스쿨존에듀는 교사, 학부모님들의 소중한 의견을 기다립니다. 책 출간에 대한 기획이나 원고가 있으신 분은 이메일 goodinfobooks@naver.com으로 보내주세요.